Hatem Imran

***

Das islamische Wirtschaftssystem

www.salzwasserverlag.de/wirtschaft

Imran, Hatem

Das islamische Wirtschaftssystem

2. Auflage 2008 | ISBN: 978-3-86741-092-2

© CT Salzwasser-Verlag GmbH & Co. KG, 2008
(www.salzwasserverlag.de). Alle Rechte vorbehalten.

Umschlaggestaltung: M. Hamiche/Anmar Communication & Impression

Die Deutsche Bibliothek verzeichnet diesen Titel in der Deutschen Nationalbibliografie. Bibliografische Daten sind unter http://dnb.ddb.de verfügbar.

Dieses Fachbuch wurde nach bestem Wissen und mit größtmöglicher Sorgfalt erstellt. Im Hinblick auf das Produkthaftungsgesetz weisen Autoren und Verlag darauf hin, dass inhaltliche Fehler und Änderungen nach Drucklegung dennoch nicht auszuschließen sind. Aus diesem Grund übernehmen Verlag und Autoren keine Haftung und Gewährleistung. Alle Angaben erfolgen ohne Gewähr.

Vorwort

Ein Grund für die Wahl des Themas dieses Buches ist die geringe Verfügbarkeit deutschsprachiger Literatur zu dieser Materie. Es gibt zwar einige Autoren, die sich mit dem islamischen Wirtschaftssystem auseinandergesetzt haben, aber meist nur unter technischen und klassisch-ökonomischen Gesichtspunkten. Gegenstand dieser Abhandlung ist die eingehende Betrachtung des Aspektes Wirtschaft eingebunden in den übergeordneten Rahmen der Lehre des Islam. Das vorliegende Buch soll nicht dem Vergleich verschiedener Wirtschaftssysteme dienen, sondern dem westlichen Leser das ihm weitgehend unbekannte Wirtschaftssystem des Islam vorstellen. Dennoch muss zur Abgrenzung teilweise Bezug auf vorherrschende Wirtschaftssysteme genommen werden. Was das Kapitel zum Geschäftsverhalten im islamischen Raum betrifft, so gibt es zwar vielseitige Informationen, was die Theorie kultureller Unterschiede betrifft, aber wenig Beispiele, die gezielt auf Kommunikation mit Personen des islamischen Glaubens eingehen.

Es wurde auf eine aufwendige Transkription der arabischen Termini verzichtet, da dies für den arabischsprachigen Leser unnötig ist und dem deutschsprachigen Leser keine wirkliche Hilfe bietet. Die für die Identifikation und Quellenforschung notwendigen arabischen Begriffe werden in einfachen lateinischen Buchstaben umschrieben. Auf die deutsche Bedeutung wird verwiesen, sie kann jedoch auch jederzeit im Glossar am Ende des Buches nachgelesen werden.

Es ist bei Muslimen üblich, nach der Nennung von Propheten eine Segensformel auszusprechen, was hier auch berücksichtigt wird. Nach der Nennung des Namen Muhammads sagt man *salla-l-lahu 'alaihi wa sallam* (wörtlich *Allahs Segen und Heil auf ihm*), kurz (s). Nach der Nennung anderer Propheten lautet die Formel *'alaihi-s-salam* (wörtlich *Friede auf ihm*), kurz (as), Gefährten und Gefährtinnen des Propheten Muhammad (s) wiederum werden mit *radia-l-lahu 'anhu/'anha* (wörtlich *Allahs Wohlgefallen auf ihm/ihr*) bedacht, kurz (r).

Dem mit der Methodik der Islamwissenschaft nicht vertrauten Leser wird auffallen, dass früheste Quellen der islamischen Geschichte verwendet werden. Dies ist für eine wissenschaftliche Abhandlung, die sich mit dem Islam beschäftigt, unerlässlich, denn es gilt beim Treffen von Aussagen oder Anführen von islamisch begründeten Reglements, diese immer durch unzweifelhafte Primärquellen zu stützen. Ansonsten würden sich verbindliche Grundlagen der Religion mit bloßen Meinungen unnachvollziehbar vermischen.

Für koranischen Zitate lehnt sich das vorliegende Werk an die deutsche Übersetzung des Korans von Ahmad von Denffer[1] an, einzelne Begriffe wurden jedoch zur besseren Verständlichkeit verändert. Übersetzungen stellen grundsätzlich eine Art der Interpretation dar und haben daher nicht den Stellenwert des arabischen Originals, sind aber für die vorliegende Darlegung völlig ausreichend. Bei Bedarf kann durch die genauen Zitatangaben ohne großen Aufwand auf die arabischen Quellen zurückgegriffen werden. Dies gilt ebenso für Aussprüche (*Hadith*) des Propheten Muhammad (s), bei denen die Nennung eines Gelehrten die Überprüfung dieser Primärquelle ermöglicht. Jene genannten Wissenschaftler untersuchten die Vertrauenswürdigkeit der Aussprüche und stellten die Ergebnisse in bekannten und überall zugänglichen Sammlungen zur Verfügung. Für Zeitangaben werden ausschließlich Datumsangaben nach westlicher Zeitrechnung verwendet. An dieser Stelle einen herzlichen Dank an die zahlreichen Unterstützer und konstruktiven Kritiker dieses Buches, die einen fundamentalen Beitrag geleistet haben. Hierzu gehört auch die Leitung des Islamischen Religionspädagogischen Instituts in Wien, die in zahlreichen inhaltlichen Fragen beratend zur Seite stand. Anregungen, Wünsche und Verbesserungsvorschläge der Leser werden vom Autor gerne angenommen. Bitte wenden Sie sich hierzu an den Verlag, der dies entsprechend weiterleitet.

---

[1] Denffer, Ahmad von: Der Koran. Die heilige Schrift des Islam in deutscher Übertragung. Mit Erläuterungen nach den Kommentaren von Dschalalain, Tabari und anderen hervorragenden klassischen Koranauslegern. 6., verbesserte Aufl., München: Islamisches Zentrum, 2000. Die Zitate wurden in die neue deutsche Rechtschreibung übertragen.

Gliederung

A   Das islamische Wirtschaftssystem

B   Finanzgeschäfte im Alltag

C   Kommunikation im islamischen Raum

D   Glossar

E   Literaturverzeichnis

Inhaltsverzeichnis

A.	**Das islamische Wirtschaftssystem**	**7**
I.	**Grundsätzliches zum Islam**	**9**
1.	Die Entstehungsgeschichte	9
2.	Die Säulen des Islam	10
3.	Die Quellen des Islam	13
3.1.	Der Koran	13
3.2.	Das Leben und die Aussprüche Muhammads (s)	15
3.3.	Die *Scharia*	16
3.4.	Die verschiedenen Lehrmeinungen und Schulen des Islam	17
4.	Islam und Wirtschaft	18
5.	Islam und Kommunismus	19
6.	Islam und Kapitalismus	20
II.	**Besonderheiten und Prinzipien des islamischen Wirtschaftssystems**	**22**
1.	Erlaubtes und Verbotenes – *Halal* und *Haram*	22
2.	Das Verständnis von Eigentum	22
3.	Umwelt und Rohstoffe – Das öffentliche Gut	23
4.	Der Wohlfahrtsgedanke	26
5.	Die Aufgabe des Staates	27
6.	Unternehmer- und Konsumentenverantwortung	29
7.	Business Ethics – Ethik im wirtschaftlichen Verhalten	31
8.	Die Natur des Zinses und zinslose Wirtschaft	36
8.1.	Das Zinsverbot	36
8.2.	Begriffsdefinition und Arten des Zinses	37
8.3.	*Riba al-Fadl* – Zins bei Kaufgeschäften	38
8.4.	*Riba an-Nasi`ah* – Zins bei Darlehen	40
8.5.	Bewertung des Zinsverbots aus islamischer Sicht	41
8.6.	Zinskritik aus nichtislamischer Sicht	42
9.	Zins versus Zakat	46
III.	**Handel, Kredit und Finanzierungsformen nach der *Scharia***	**49**
1.	Grundpfeiler des Veräußerungsgeschäfts *(Bay´)*	49
1.1.	Die Vertragsparteien	51
1.2.	Der Preis des Vertragsgegenstandes	52
1.3.	Das Vertragsobjekt	53
1.4.	Der Vertragsschluss	55
1.5.	Die Verbindlichkeit des *Bay´*	57
1.6.	Aufhebung eines Vertrages *(Iqala)*	59
1.7.	Verbotene Austauschgeschäfte im Detail	60
1.7.1.	Verbot des Verkaufs von Waren vor dem endgültig angestrebten Zustand	60
1.7.2.	Verbot des zufälligen Erwerbs einer Ware	61

1.7.3.	Verbot des Weiterverkaufs eines Kaufobjektes vor dessen Besitzergreifung	62
1.7.4.	Verbot des Verkaufs eines Schuldverhältnisses gegen ein anderes Schuldverhältnis	62
1.7.5.	Verbot von mehreren Kaufverträgen oder Kettenverträgen, die sich in einem Vertrag verbergen	63
1.7.6.	Verbot des Verkaufs gegen eine Anzahlung	64
1.8.	Unzulässige Transaktionen trotz formal korrekter Verträge	64
2.	Das Wechselgeschäft *(Sarf)*	68
3.	Übersicht über die verschiedenen Finanzierungsformen	70
3.1.	*Qard hassana* – Das wohltätige Darlehen	71
3.1.1.	Einordnung des *Qard hassana* nach der *Scharia*	72
3.1.2.	Bestandteile des *Qard hassana*	74
3.1.3.	Die Rückerstattung des *Qard hassana*	75
3.1.4.	Nebenvereinbarungen bei Vertragsschluss eines Darlehens	76
3.2.	Der Konsumkredit	78
3.3.	*Muscharaka* – Partnerschaft durch Beteiligung	79
3.3.1.	Das Konzept der *Muscharaka*	79
3.3.2.	Gewinn-Verlust-Verteilung bei *Muscharaka*	80
3.3.3.	Kapitaleinlagen und die Auflösung der *Muscharaka*	80
3.3.4.	Parallelen von *Muscharaka* zu deutschen Rechtsformen	82
3.4.	*Mudaraba* – Beauftragung eines Maklers	83
3.4.1.	Konzept, Managementaufgabe und Kapitaleinlagen	83
3.4.2.	Gewinnaufteilung und Laufzeit von *Mudaraba*	84
3.4.3.	Anwendung der *Mudaraba*	85
3.5.	Moderner Einsatz von *Muscharaka* und *Mudaraba*	86
3.6.	Venture Capital	88
3.7.	*Murabaha* – Verspätete Zahlung	89
3.8.	*Idschara* – Leasing	90
3.9.	*Salam & Istisna* – Vorauszahlung und Werkvertrag	92
3.9.1.	*Salam* – Vorauszahlung	92
3.9.2.	*Istisna* – Werkvertrag	93
4.	Börsenhandel nach der *Scharia*	95
5.	Das Versicherungswesen im Islam	98
5.1.	Versicherungen aus islamischer Sicht	98
5.2.	Islamische Bewertungen der Versicherung	101
5.2.1.	Bewertung von kommerziellen Versicherungen	101
5.2.2.	Bewertung von genossenschaftlichen Versicherungen	104
IV.	**Eine volkswirtschaftliche Betrachtung**	**106**
1.	Zins zur Allokation von Ressourcen	106
2.	Fiskalpolitik	108
3.	Finanzierung von Staatshaushaltsdefiziten	110
4.	Das Bankwesen	112
4.1.	Die Zentralbank	112
4.2.	Geldpolitik	113
4.3.	Die Geschäftsbanken – Sparen und Kapitalbildung	115

B.	**Finanzgeschäfte im Alltag**	**122**
1.	Kontoführung	122
2.	Kreditkarten	123
3.	Inanspruchnahme von Krediten	123
4.	Was tun, wenn man trotz allem Zinsen erhält?	123
5.	Leasing	123
6.	Ratenkauf	124
7.	Auktionen	124
8.	Versicherungen	124
9.	Haus- oder Wohnungskauf	126
10.	Geldanlage	127
11.	*Fatwas* zum Immobilienkauf in Verbindung mit Zins	128
11.1.	Was ist eine *Fatwa*?	129
11.2.	Voraussetzungen für die Erteilung einer *Fatwa*	129
11.3.	Stellungnahmen zum Immobilienkauf in Verbindung mit Zins	130
C.	**Kommunikation im islamischen Raum**	**133**
1.	Kulturelle Unterschiede in der Theorie	133
2.	Einordnung des islamisch geprägten Raums	136
3.	Politisch-rechtliche Rahmenfaktoren	138
4.	Do's and Don'ts	139
4.1.	Religiös bedingtes Handeln	140
4.2.	Höflichkeitsformen	142
4.3.	Die Einladung nach Hause	144
4.4.	Gesprächsstoff und Anbahnung einer Unterhaltung	147
4.5.	Die Persönlichkeit zählt	147
4.6.	Die Geschäftsverhandlung	148
5.	Persönliche Voraussetzungen für interkulturelle Arbeit	149
6.	Verbesserung der eigenen Fähigkeiten und Vorbereitung	150
D.	**Glossar**	**154**
E.	**Literaturverzeichnis**	**161**

A. Das islamische Wirtschaftssystem

Im Namen Allahs, des Gnädigen, Barmherzigen,

unter dieser Präambel werden Verträge im Islam geschlossen. Sie drückt die Einschränkung des menschlichen Waltens auf Erden aus. Alle Verträge unterstehen Gottes Beobachtung und Duldung. Die menschliche Herrschaft ist nach islamischer Überzeugung nicht absolut, sondern muss unter Befolgung von Gottes Weisungen gelebt werden.

Auch das vorherrschende kapitalistisch geprägte Wirtschaftssystem hat seine Regeln und Gesetzmäßigkeiten. Offensichtlich ist aber, dass heute nicht annähernd alle Menschen, egal in welchem Wirtschaftssystem, an dem polarisierten Wohlstand einzelner Gruppen oder Länder teilhaben. Im Gegenteil, die Kluft zwischen wirtschaftlich Gutgestellten und Menschen in Not wird immer größer.

Es gibt kein Wirtschaftsmodell, das sich nicht der Kritik von der einen oder anderen Seite stellen muss. Das liegt auch daran, dass es bei der Ordnung des Zusammenlebens, insbesondere bei den Reglements des wirtschaftlichen Verkehrs, Zielkonflikte gibt. Das uneingeschränkte Verhalten des einen kann im Widerspruch zur Sicherheit oder den Rechten eines anderen stehen. Man muss also einzelnen Werten Priorität einräumen und sie aufgrund ihrer Bedeutung durch Regeln und Normen über andere stellen. Hier stellt sich die Frage, wie im Rahmen eines Wirtschaftssystems die Interessen aller Beteiligten am besten gewahrt werden können.

Der Islam und seine Anhänger stehen periodisch im Fokus der Weltpolitik und der Medien, besonders in jüngster Zeit. Allerdings wird hierbei oft ein sehr oberflächliches, größtenteils falsches Bild vermittelt. Es wird darauf hingewiesen, dass die politische Ausprägung des Islam, wie sie in einigen Staaten oder bei einzelnen Gruppierungen zu finden ist, ähnlich anderer Religionen, in teilweise eklatantem Widerspruch zur ursprünglichen Glaubenslehre steht. Dies gilt auch für die Wirtschaft und das Bankwesen der entsprechenden Länder.

Teil A des Buches dient der Vorstellung des islamischen Wirtschaftssystems in seinen Grundzügen und der Erörterung möglicher Anwendbarkeit dieses Systems in der heutigen Zeit. Zu Beginn der Abhandlung wird über die Ursprünge des Islam, die zentralen Inhalte und seine Quellen informiert. Im zweiten Kapitel geht es um relevante Besonderheiten im islamischen Wirtschaftsverständnis und die dahinter stehenden Prinzipien. Kapitel drei und vier setzen sich mit essentiellen Mechanismen des islamischen Wirtschaftssystems auf betriebs- und volkswirtschaftlicher Ebene auseinander.

Teil B zeigt eine mögliche Übertragung der Prinzipien des islamischen Wirtschaftssystems auf den Alltag von Muslimen und stellt so neben einem Ratgeber für Konsumenten eine Anregung für die Entwicklung neuer und islamkonformer Finanzprodukte dar.

In Teil C soll eine Sensibilisierung für die auf Religion und Kultur beruhenden Verhaltens- und Wertemuster der durch den Islam geprägten Menschen erfolgen. Dies hilft, insbesondere unnötige Missverständnisse und Unannehmlichkeiten bei Geschäfts- oder privaten Kontakten zu vermeiden und eine erfolgreiche Zusammenarbeit mit Unternehmen, Institutionen und Privatpersonen im islamischen Raum sicherzustellen.

Gehen wir nun 1.400 Jahre zurück und betrachten die Entstehung der islamischen Religionsgrundlage.

I. Grundsätzliches zum Islam

1. Die Entstehungsgeschichte

Die arabische Bedeutung des Wortes *Islam* ist unter anderem *Unterwerfung*, *Versöhnung* und *Frieden* und bedeutet die bewusste Hingabe an Gott.[2] Der Bekenner zum Islam nennt sich Muslim. Der Islam nahm seinen Platz in der Kette der göttlichen Offenbarungsreligionen ein, als im Jahre 610 der in Mekka geborene Muhammad (s) vom Erzengel Gabriel (arabisch *Dschibril*) Gottes Offenbarung empfing. Dies fand in der Höhle Hira nahe Mekka im heutigen Saudi-Arabien statt.[3] Muhammad (s) war bei Empfang der ersten Offenbarung 40 Jahre alt. Er war bis zu diesem Zeitpunkt in der dortigen Gesellschaft ein angesehenes Mitglied und ging dem Beruf des Kaufmannes nach. Mekka profitierte damals von der Verehrung unzähliger Götzen, was Karawanen von weit her anzog und so der Handelsstadt zu wirtschaftlichem Reichtum verhalf.[4] In Muhammads (s) Verkündung der Existenz nur *eines* Gottes sahen die Mekkaner ihre Macht und ihren Wohlstand gefährdet. Mit aller Gewalt versuchten sie, Muhammad (s) und seine frühen Anhänger von ihrem Weg abzubringen. Nach 13 Jahren der Verfolgung wanderte Muhammad (s) durch die Wüste nach Medina (ca. 450 km nördlich von Mekka im heutigen Saudi-Arabien) aus, wo ihn bereits geflüchtete Muslime freudig erwarteten. Die Auswanderung (arabisch *Hidschra*) im Jahre 622 stellt den Beginn der islamischen Zeitrechnung dar, die sich im Gegensatz zum Christentum an dem Mond- und nicht an dem Sonnenjahr orientiert.[5]

In Medina gründeten die Muslime ihren ersten eigenen Stadtstaat und schlossen Verträge mit den ortsansässigen Stämmen. Dort lebte und verkündete Muhammad (s) noch weitere zehn Jahre die Botschaft Gottes, bevor er im Jahre

---

[2] Vgl. Zaidan, Amir M.A.: Al-'Aqida. Einführung in die Iman-Inhalte. 2., neubearb. und erw. Aufl., Offenbach: ADIB, 1999, S. 30.
[3] Vgl. Ibn Ishaq, Muhammad: Das Leben des Propheten. Kandern: Spohr, 1999, S. 48.
[4] Vgl. Azzam, 'Abd al-Rahman: The Life of the Prophet Muhammad. In: Ahmad, Khurshid (Hrsg.): Islam. Its Meaning and Message. 5. Aufl., Lahore: A.H. Publishers, 1997, S. 59-80, S. 62f.
[5] Vgl. Hamidullah, M.: Der Islam. Geschichte, Religion, Kultur. Islamabad: Image Printers, 1991, S. 315.

632 verstarb.⁶ Diese Botschaft ist bis heute in genauester Aufzeichnung und Vollständigkeit als Koran erhalten. Als Koran wird die Sammlung von Offenbarungen bezeichnet, die der Engel Dschibril dem Propheten Muhammad (s) verkündete. Der Koran ist nicht die bloße schriftliche Sammlung in einem Buch, auch wenn dieser oft so verstanden wird. Es handelt sich dabei vielmehr um den bis heute lückenlos tradierten Inhalt der bedeutendsten islamischen Quelle. Von den ersten schriftlichen Fixierungen des Korans existieren noch Exemplare aus der frühesten Zeit des Islam, und der Wortlaut der einzelnen Schriften in arabischer Sprache, egal ob in neuem oder alten Druck, ist auf der ganzen Welt identisch.⁷ An späterer Stelle wird der Koran noch näher erläutert.

Aus einer Hand voll Muslimen wurde innerhalb weniger Jahre eine politische, wirtschaftliche und militärische Macht von mehreren hunderttausend Anhängern. Der Islam verbreitete sich binnen kurzer Zeit auf der arabischen Halbinsel und später, mitunter durch seine Handelsstraßen, auf der ganzen Welt. Heute zählt man ca. 1,3 Milliarden Muslime weltweit.⁸ In 59 Ländern stellt der Islam die vorherrschende Religion dar.⁹

2. Die Säulen des Islam

Das Grundgerüst des Islam lässt sich anhand seiner fünf Säulen skizzieren.

Die erste Säule und zentrale Aussage ist das Bezeugen der Existenz nur eines Gottes und die Anerkennung Muhammads (s) als dessen Propheten. Muhammad (s) war ein Mensch. Zu etwas Besonderem machte ihn, wie auch die Propheten vor ihm, die Tatsache, dass Gott ihn auserwählte, um den Menschen das Wort Gottes zu verkünden. Für den Muslim gehört die Anerkennung der Propheten vor Muhammad (s) wie Adam (as), Abraham (as) (arabisch *Ibrahim*), Ismael (as) (arabisch *Ismail*), Isaak (as) (arabisch *Ishaq*), Jakob (as) (arabisch

---

6   Vgl. Ibn Ishaq, Muhammad (1999), S. 256.
7   Ein Exemplar aus der Zeit des Kalifen Uthman (ca. 644) liegt in Taschkent, Usbekistan, ein weiteres im Topkapi Saray Museum in Istanbul, Türkei. Vgl. Islam The Modern Religion (ITMR) (o.V.): Historical Photographs. Online unter http://www.themodernreligion.com/basic/history/OLD_PICS_ quran.htm (1.4.2006).
8   Vgl. Institut der Deutschen Wirtschaft Köln: Gott ist überall. In: Informationsdienst der Deutschen Wirtschaft Köln, 32. Jg., Nr. 7, 2006, S. 1.
9   Vgl. Denffer, Ahmad von: Kleines Wörterbuch des Islam. 2. Aufl., Lützelbach: Haus des Islam, 1994, S. 224ff.

Jaqub), Moses (as) (arabisch *Musa*), Jesus (as) (arabisch *Isa*) und aller weiteren Propheten genauso zu seiner Religion wie sein Bekenntnis zum Gesandten Muhammad (s).[10]

> Sagt: Wir verinnerlichen die Gewissheit an Allah und was zu uns herabgesandt wurde und was zu Ibrahim herabgesandt wurde und Ismail und Ishaq und Jaqub und den Stämmen und was Musa gegeben wurde und Isa, und was den Propheten von ihrem Herrn gegeben wurde, wir trennen nicht zwischen einem einzigen von ihnen, und wir sind Ihm friedenmachend Ergebene. (Sure 2, Vers 136).

Die zweite Säule des Islam ist das Gebet (arabisch *Salah*). Für den Muslim ist es Pflicht, sich fünfmal am Tag Richtung Mekka vor seinem Erschaffer zu verneigen. Dies soll ihn die Existenz Gottes und die nötige Demut nicht vergessen lassen.[11] So heißt es im Koran an Muhammad (s) gerichtet:

> Sag zu meinen Dienern, die sich bekennen: Sie sollen das Gebet einrichten (...) (Sure 14, Vers 31).

Die dritte Säule ist die *Zakat*, oft nicht ganz korrekt als Armensteuer bezeichnet. Treffender könnte man diese als rituell vorgeschriebene Sozialabgabe bezeichnen, da ihre Entrichtung an Bedürftige eine religiöse Pflicht darstellt. So hat der Muslim einen festgelegten Teil seines Vermögens als soziale Pflichtabgabe an Arme und Bedürftige abzugeben.[12]

> Und richtet das Gebet ein und gebt die *Zakat*, und was ihr vorausschickt für eure Seelen an Gutem, ihr findet es bei Allah, Allah hat ja im Blick, was ihr tut. (Sure 2, Vers 110).

Auf die *Zakat* und ihre wirtschaftliche Bedeutung wird im Laufe dieser Arbeit noch näher eingegangen.

---

[10] Vgl. Maududi, Syed Abul A´la: What Islam stands for. Lahore: Nisar Art Press, 1986, S. 1.
[11] Vgl. Nadwi, Syed Abul Hasan Ali: The Four Pillars of Islam. Islamabad: Islamabad Printing Care, 1998, S. 16f.
[12] Vgl. ebd., S. 124.

Die vierte Säule ist das rituelle Fasten (arabisch *Saum*, auch *Siyam*) im Monat Ramadan für den, der körperlich dazu in der Lage ist und sich nicht auf Reisen befindet. Der Muslim entsagt mit diesem Verzicht dem Weltlichen als Treuebeweis zu Gott und zur Wertschätzung dessen, womit Gott ihn versorgt hat und was die Armen entbehren müssen.[13] Die besondere Bedeutung des Ramadans liegt unter anderem darin, dass in diesem Monat die erste koranische Mitteilung an Muhammad (s) stattfand:

> Der Monat Ramadan, in dem der Koran herabgesandt wurde als Rechtleitung für die Menschen und klare Beweise der Rechtleitung und der Unterscheidungsoffenbarung, und wer von euch den Monat anwesend ist, so soll er ihn fasten (...) (Sure 2, Vers 185).

Die fünfte Säule des Islam ist die Pilgerfahrt (arabisch *Hadsch*). Sie besagt, dass jeder Muslim, der physisch und wirtschaftlich dazu in der Lage ist, einmal in seinem Leben die Pilgerreise nach Mekka verrichten muss.[14]

> Und erfüllt die Wallfahrt und den Besuch für Allah (...) (Sure 2, Vers 196).

Weiter verinnerlicht der Muslim die Gewissheit an den Jüngsten Tag, an dem alle Menschen von Gott gerichtet werden, sowie an das Paradies und die Hölle.

Ein Ausspruch Muhammads (s) (arabisch *Hadith*) fasst die Bekenntnisgrundsätze wie folgt zusammen:

> (...) Er sagte: ‚Das ist, dass du die Gewissheit an Allah verinnerlichst, an Seine Engel, an Seine Bücher, an Seine Gesandten und an den Jüngsten Tag und dass du die Gewissheit an die Bestimmung verinnerlichst in ihrem Guten und in ihrem Bösen.' (...)[15]

---

[13] Vgl. ebd., S. 213ff.
[14] Vgl. ebd., S. 254.
[15] In Anlehnung an Denffer, Ahmad von (Hrsg.): Al-Nawawi: Vierzig Hadite. Islamabad: IRI Press, ohne Jahr, S. 18.

Der Islam versteht sich nicht als grundsätzlich neue Religion, sondern als Fortsetzung der göttlichen Offenbarungen des Judentums und Christentums. Muhammad (s) schließt die Gesandtschaft von Propheten ab und stellt den letzten Gesandten Gottes dar, das so genannte „Siegel der Propheten":

> Und Muhammad ist nicht der Vater eines einzigen von euren Männern, sondern der Gesandte Allahs und das Siegel der Propheten, und Allah weiß von allem. (Sure 33, Vers 40).

Nach diesem Verständnis hat Gott der Menschheit einen weiteren „Erinnernden" gesandt, um diese recht zu leiten.

Der Muslim sieht in seiner Religion alle Belange seines Lebens geregelt. Diese umfassen insbesondere Spiritualität, Wirtschaft, Teile des Straf- und Zivilrechts, soziale Belange und die Staatsordnung. Sein Ziel ist es, sein Leben möglichst nach Gottes Wohlgefallen auszurichten, um dann im Paradies die Früchte seines Handelns zu ernten.[16] Wo der Muslim die „Gebrauchsanleitung" für sein Leben findet, schildert der nächste Abschnitt.

3. Die Quellen des Islam

3.1. Der Koran

In den ersten Kapiteln wurden bereits einige Stellen des Korans, der wichtigsten Grundlage des Islam, angeführt. Dieser besteht aus 114 Suren und insgesamt 6.535 Versen. Der Koran ist das Wort Gottes, und Muhammad (s) ist nur der Überbringer dieser Botschaft. Dies ist auch der Grund, warum der Koran für alle Zeiten seine Gültigkeit besitzt, denn die Muslime bekennen sich zur Allwissenheit Gottes, der somit die Zukunft kennt. Auch unter nichtmuslimischen Wissenschaftlern ist unumstritten, dass der heutige Koran dem entspricht, was Muhammad (s) zu seiner Zeit verkündete, also keiner Manipulation zum Opfer fiel.[17] Gott selbst garantiert den Menschen dessen Unversehrtheit

---

[16] Vgl. Yusuf, Muhammad: Islam. The Purpose of this Life. Lahore: Nisai Art Press, 1998, S. 5.
[17] Vgl. Paret, Rudi: Der Koran. 5. Aufl., Stuttgart, Berlin, Köln: W. Kohlhammer, 1989, S. 5.

in Sure 15, Vers 9. Neben geschichtlichen Begebenheiten und religiösen Anweisungen findet man in ihm auch rechtliche sowie sittliche Vorschriften für das Individuum und die Gemeinschaft.[18]

Der Koran wurde bereits zu Lebzeiten Muhammads (s) schriftlich fixiert und auswendig gelernt. Unmittelbar nach seinem Tode wurde begonnen, die einzelnen Schriftstücke unter strengen Auflagen und Prüfungen zusammenzufassen.[19] Hierin unterscheidet sich die Sicherung der Quellen des Islam von allen anderen Religionen, denn die angelegten Maßstäbe in Bezug auf die Tradierung sind weitaus strenger als man sie sonst von religiösen oder historischen Überlieferungen her kennt. Bis heute gibt es keinen genaueren Ansatz in Bezug auf die Verifizierung geschichtlicher Quellen.

Eine Übersetzung des Korans ist nicht als Koran selbst zu verstehen, sondern lediglich als Versuch, die Bedeutung in einer anderen Sprache wiederzugeben.[20] Elementarer Teil des Korans ist die arabische Sprache. Übersetzungen stellen daher nur eine Art Hilfestellung dar, die nicht als Ersatz zu sehen ist. Für das Gebet beispielsweise, das Rezitationen aus dem Koran beinhaltet, ist die Verwendung der arabischen Sprache obligatorisch.[21]

Falls man den Koran als Quelle für Normen, Gebote oder Gesetze des Islam verwenden möchte, wird häufig ein wesentlicher Tatbestand vernachlässigt. Die einzelnen Verse des Korans wurden zum großen Teil im Zusammenhang mit besonderen Ereignissen offenbart. So gibt es zum Beispiel spezielle Aussagen in Bezug auf die Verfolgung der Muslime in den frühen Jahren, die auch in diesem Kontext zu verstehen sind. Das heißt, dass vor diesem Hintergrund die Bedeutung der koranischen Verse eine andere Dimension erhält als es auf den ersten Blick erscheint. Die Herangehensweise, sich mit dem original arabischen Text unter strenger Berücksichtigung der Semantik, also der sprachlichen Bedeutung, und des Herabsendungsanlasses zu beschäftigen, ist in der Koranwis-

---

[18] Vgl. Ibn Rassoul, Abu-r-Rida´ Muhammad Ibn Ahmad: Der deutsche Mufti. Köln: IB Verlag Islamische Bibliothek, 1997, S. 603.
[19] Vgl. Guellouz, Azzedine: Der Koran. Ausführungen zum besseren Verständnis, Anregungen zum Nachdenken. Bergisch Gladbach: BLT, 1998, S. 32.
[20] Vgl. Denffer, Ahmad von (2000), S. VIII.
[21] Vgl. Ibn Rassoul, Abu-r-Rida´ Muhammad Ibn Ahmad (Hrsg.): As-Salah. Das Gebet im Islam. 7., verbesserte und erweiterte Aufl., Köln: IB Verlag Islamische Bibliothek, 1999, S. 74f.

senschaft eine Selbstverständlichkeit, wird aber von westlichen Autoren oft außer acht gelassen, da diese nicht mit den Grunddisziplinen der Koranauslegung (Koran-Exegese) vertraut sind. Dies bedeutet im Weiteren, dass es nicht ausreicht, lediglich einige Stellen des Korans zu lesen und daraus Normen zu entwickeln, sondern dass auch die Gelehrtenmeinungen und Ausführungen der Korankommentatoren berücksichtigt werden müssen. Ansonsten könnte zum Beispiel eine Übersetzung von Zins als Wucher bei einer oberflächlichen Betrachtung zu der Annahme führen, dass der „normale" Zins nicht gemeint sei.

3.2. Das Leben und die Aussprüche Muhammads (s)

Die zweite Primärquelle nach dem Koran ist die Überlieferung des Verhaltens und der Aussprüche Muhammads (s) (arabisch *Sunna*). *Sunna* kann vereinfacht als Lebensweise des Propheten (s) bezeichnet werden. Die expliziten Aussprüche des Propheten (s) werden *Hadith* genannt.

In der Zeit nach Muhammad (s) sammelten verschiedene Gelehrte die Aussprüche des Propheten (s) und die überlieferten Offenbarungen. Dafür galten sehr strenge Auswahlkriterien und Klassifikationen. Teil dieser Kriterien waren zum Beispiel die lückenlose Überlieferung und der tadellose Leumund der Überlieferer.[22] Hier reichte bereits die Kenntnis einer einzelnen Verwechslung bei Tausenden Überlieferungen zum Ausschluss oder der Degradierung sämtlicher gelieferter Beiträge des Überlieferers. Ebenso verhielt es sich, wenn bereits kleinere Verfehlungen bzgl. seines moralischen Verhaltens oder dessen religiöser Praxis bekannt waren.

Während die Menschen in der Zeit Muhammads (s) ein direktes Vorbild hatten, haben die *Hadith*-Sammlungen ihren größten Wert für die Nachwelt und dienen mitunter als ergänzende Erklärung zum Koran.[23] Koran und *Sunna* stellen die Basis zur Ableitung der Normen und Gesetze der *Scharia* dar.

Zur Gewährleistung der fehlerfreien Überlieferung und zum Schutz vor Fälschungen entwickelte sich die *Hadith*-Wissenschaft. Deren intensives Studium

---

[22] Vgl. Qazi, Mazharul Haq: Hadith and Sunnah. Islamabad: IRI Press, 1999, S. 13f.
[23] Vgl. Doi, ´Abdur Rahman I.: Shari'ah. The Islamic Law. London: Ta-ha Publishers, 1984, S. 48, 52 und 56.

ist Grundvoraussetzung für die Bewertung und Ableitung von *Scharia*-Normen auf Basis von Überlieferungen.

3.3. Die *Scharia*

Die *Scharia* (wörtlich *der gerade Weg zur Wasserstelle*) kann als Gesamtheit aller von Allah gegebenen Ge- und Verbote, die in Koran und *Sunna* zu finden sind, bezeichnet werden. Der Begriff bedeutet also weit mehr als die häufig zu findende Übersetzung als islamisches Strafgesetz. Sie stellt keine selbstständige Quelle dar, sondern setzt sich vielmehr aus den Normen der oben genannten Primärquellen, also dem Koran, der Lebensweise und den Aussprüchen Muhammads (s) zusammen.[24] Hinzuzufügen als wichtigste Bestandteile der *Scharia* sind noch der Konsens der Rechtsgelehrten (arabisch *Idschma´*), das heißt, die Übereinstimmung in der Meinung der Rechtsgelehrten mit dem entsprechenden Wissen, und der Analogieschluss (arabisch *Qiyas*), die logische analoge Übertragung der Bewertung bekannter Normen auf neue und zu klärende Fragen.[25] So ist die Möglichkeit gegeben, die islamischen Gebote unter strengen Prämissen auf neu auftretende Fragen zu übertragen.

Die Anwendung der *Scharia* auf Prozessangelegenheiten unterliegt einem Gericht mit einem Richter, dem *Qadi*. Die *Scharia* kann die individuelle Freiheit zum Wohl der Gemeinschaft durchaus einschränken.[26]

Doi beschreibt dies treffend:

> „Since a man in Islam is not merely an economic animal, each person's equal right to life, and to a decent level of living, has priority over the so called
> economic liberty".[27]

> „Da der Mensch im Islam nicht nur ein wirtschaftliches Wesen ist, hat das Recht jedes Individuums auf einen passablen Lebensstandard Priorität über die so genannte wirtschaftliche Freiheit."

---

[24] Vgl. Ramadan, Said: Das islamische Recht. Theorie und Praxis. 2. Aufl., Marburg: Muslim Studenten Vereinigung in Deutschland, 1996, S. 37.
[25] Vgl. ebd., S. 33.
[26] Vgl. Doi, ´Abdur Rahman I. (1984), S. 7ff.
[27] Ebd., S. 9.

3.4. Die verschiedenen Lehrmeinungen und Schulen des Islam

Jahrzehnte nach der Zeit des Propheten (s) entwickelten sich verschiedene Schulen (arabisch *madhahib*, Plural von *madhab*) als Kategorisierungsinstrumente islamischer Normen mit grundlegender Bedeutung für die islamische Wissenschaft und Praxis. Mit den Schulen ist hier gemeint, was sonst oft nicht ganz korrekt als „Rechtsschulen" bezeichnet wird. Das arabische Wort *Fiqh*, das teilweise mit Recht übersetzt wird, hat eine weitläufigere Bedeutung. Im *Fiqh* geht es darum, aus den Primärquellen praxisbezogene Normen abzuleiten. Hierin haben sich insbesondere einige zentrale Gelehrte verdient gemacht, die als die Gründer dieser Schulen zu sehen sind, was im Folgenden näher erläutert wird.

Es gibt vier große sunnitische und die schiitische Schule, die sich gegenüber weniger bekannten Gelehrtenmeinungen durchgesetzt haben. Die Spaltung der Muslime in Sunniten und Schiiten geht überwiegend auf Dispute bezüglich der politischen Nachfolge nach dem Tode Muhammads (s) zurück. Die Begründer der Schulen beabsichtigten keineswegs, eine solche zu gründen, sondern fanden ihr Bestreben in der Sicherung wertvollen Wissens und in der intensiven Auseinandersetzung mit den Quellen des Islam. Die Unterschiede in den Schulen sind nicht als Konkurrenz, sondern vielmehr als Bereicherung zu sehen. Differenzen bestehen nicht in Glaubensgrundsätzen, sondern lediglich in Feinheiten. So füllten die Begründer der Schulen die *Scharia*, die Gesamtheit aller Ge- und Verbote, mit zusätzlichem Inhalt, indem sie aus den oben genannten Quellen ableiteten.[28]

Übersicht über die bedeutendsten Schulen und ihre Begründer in Reihenfolge ihres Erscheinens:[29]

1. Imam Abu Hanifa, Begründer der hanifitischen Schule, geboren ca. 699 im Irak, gestorben ca. 767.

---

[28] Vgl. ebd., S. 85.
[29] Vgl. Ucum, Ufuk: Wirtschaftsethik im Christentum und Islam. Eine volkswirtschaftliche Analyse und ein finanzwirtschaftliches Wettbewerbskonzept. Frankfurt am Main u.a.: Lang, 1998, S. 119.

2. Imam Malik Bin-Anas, Begründer der malikitischen Schule, geboren ca. 711 auf der arabischen Halbinsel, gestorben ca. 795.
3. Imam Muhammad Idris Ash-Shafi'i, Begründer der schafiitischen Schule, geboren ca. 767 in Palästina, gestorben ca. 819.
4. Imam Ahmad bin Muhammad bin Hanbal: Begründer der hanbalitischen Schule, geboren 780 im Irak, gestorben ca. 855.
5. Die schiitische Schule begründet sich auf Ja'far as-Sadiq, geboren 702 in Medina, gestorben 762.[30]

Die Unterschiede in den Schulen fußen auf den individuellen Betrachtungsweisen der *Imame* (wörtlich *Gemeinde- oder Gebetsvorsteher*). Die Gemeinsamkeit liegt in der unanfechtbaren Integrität und der einwandfreien Methodik der Begründer.[31] Der Muslim ist frei in der Wahl der Schule. Meistens jedoch wird die Zugehörigkeit durch die in der Region vorherrschende Schule oder die Familie beeinflusst.

Wenn im Folgenden von der *Scharia* oder Schulen gesprochen wird, so ist keine spezielle Schule gemeint, sondern es werden die gängigen Ansichten der Schulen und Gelehrten herangezogen, um den Leser nicht zu verwirren. Ausnahmen sind als solche kenntlich gemacht.

In Koran und *Sunna* sind auch die Grundsätze der Wirtschaftslehre des Islam verankert. Die Rechtsgelehrten haben diese weiter erforscht und im Detail erfasst.

4. Islam und Wirtschaft

Einleitend wurde bereits angeführt, dass der Islam sämtliche Lebensbereiche des Muslims umfasst. Demzufolge finden sich also auch eine Vielzahl von Geboten und Verboten zum Thema Wirtschaft und zu wirtschaftlichem Handeln in den Primärquellen des Islam: dem Koran und in den Aussprüchen bzw. im

---

[30] Alle Jahreszahlen nach christlicher Zeitrechnung. Vgl. Halm, Heinz: Der schiitische Islam. Von der Religion zur Revolution. München: Beck, 1994, S. 36.
[31] Vgl. Maududi, Sayyid Abu-l-A´la: Weltanschauung und Leben im Islam. München: Islamisches Zentrum, 1994, S. 144.

Leben Muhammads (s). Bei näherer Betrachtung zeigen sich konkrete Beispiele und Verbote des wirtschaftlichen Handelns sowie ethisch-moralische Grundsätze, die sich ebenso auf das Wirtschaften wie auf andere Bereiche des Lebens beziehen. Gerade durch diese Grundsätze und Prinzipien soll die Anwendung und somit Möglichkeit der Weisung für alle Menschen, unabhängig von Zeit, Ort und Methode, gewährleistet werden.[32]

Insgesamt wird der Handel als positiv angesehen und befürwortet, weil er die Begegnung zwischen den Menschen fördert. Gott gab den Menschen verschiedene Talente, und durch Interaktion können sie gemeinsam ihre Lebenssituation verbessern.

Mithilfe der Begründer der Schulen und vieler Gelehrter verschiedenster Disziplinen, die sich im Laufe der Zeit mit der Materie beschäftigt haben und weiterhin beschäftigen, wuchs aus den frühen islamischen Quellen ein Wirtschaftsmodell, das auch heute in einem überaus komplexen wirtschaftlichen Leben einen möglichen Weg darstellen kann. Im Vordergrund steht hier nicht ein säkularisiertes System, das Ökonomie, Effizienz und Rentabilität unter rein marktwirtschaftlichen Gesichtspunkten betrachtet. Die Gewissheit um die Einheit und Ganzheitlichkeit verbietet sogar die Trennung der einzelnen Lebensbereiche und spricht sich dagegen aus, das Individuum in einen rationalen Homo Oeconomicus, in einen spirituellen und in einen sozialen Menschen zu separieren.[33] Das gilt ebenso für das Wirtschaften, das einen enorm großen Einfluss auf das Leben und die Gemeinschaft der Menschen hat.

Der Islam und sein Wirtschaftssystem sind weder eine Ableitung noch eine Mischung vorhergegangener Lehren, sondern ein in sich geschlossenes System. Zur Verbildlichung soll folgend eine knappe Abgrenzung zu den beiden geläufigsten Ideologien, dem Kapitalismus und dem Kommunismus, erfolgen.

5. Islam und Kommunismus

Sowohl Kommunismus als auch Islam beschäftigen sich intensiv mit der gerechten Verteilung von Gütern und Wohlstand. Dies ist eine Ursache für Ver-

---

[32] Vgl. Maududi, Sayyid Abul A´la: Islamische Lebensweise. München: Islamisches Zentrum, 1996, S. 91f.
[33] Vgl. Hamidullah, M. (1991), S. 147.

wechslungen zwischen diesen Systemen, die aber einer tiefer liegenden Grundlage entbehren. Im Gegensatz zum Islam schließt der Kommunismus Privateigentum aus.[34] Aus islamischer Sicht fehlt damit dem Menschen die Motivation für seine natürliche Neigung, sich produktiv für eine selbst verwirklichende Besserstellung einzusetzen, auch wenn materieller Wohlstand nicht sein alleiniges Ziel darstellen sollte.

Der Kommunismus kennt keinerlei Nähe zu religiösen Werten. Opfer werden hier von der Gesellschaft abverlangt, aber weder für eine übergeordnete Ethik, noch zur Befolgung des Willen Gottes wie im Islam.[35] Der Kommunismus sieht den wirtschaftlichen und gesellschaftlichen Fortschritt in einem Klassenkampf begründet, während der Islam seine Entwicklung im Streben nach der Verwirklichung des Willen Gottes und dem Ziel einer gesellschaftlichen Balance sieht. Die Vorstellung, dass die soziale Existenz das Bewusstsein determiniert und ein sozialer Wandel allein von einer wirtschaftlichen Veränderung abhängt, ist dem Islam fremd. Dort spielt der Gedanke des freien Willens eine weit größere Bedeutung, und die soziale Realität hängt von den Entscheidungen der „freien" Individuen ab. Die Beziehung zwischen Staat und Bürger ist im Kommunismus ambivalent: Auf der einen Seite die Gleichheit aller, auf der anderen die streng regulierende Hand des Staates. Der Islam und seine Staatsform beruhen dagegen auf dem Engagement der Individuen und garantieren deren Freiheit in Grenzen, die andere vor Schaden bewahren.[36]

6. Islam und Kapitalismus

Die größte Gemeinsamkeit zwischen Islam und Kapitalismus liegt in der Ablehnung des Kommunismus. Auch lehnen beide Systeme den Feudalismus, also die Herrschaft adliger Großgrundbesitzer über leibeigene Bauern, ab.[37] Ähnlichkeiten finden sich in den Grundgedanken von Freiheit, Eigentumsrechten und der privaten Initiative, sich produktiv zu betätigen. Im Kapitalismus steht die Selbstverwirklichung im materiellen Sinne an erster Stelle. Die Motivation

---

[34] Vgl. Theimer, Walter: Lexikon der Politik. Politische Grundbegriffe und Grundgedanken. 9., neubearbeitete Aufl., Tübingen: A. Francke Verlag, 1981, S. 156.
[35] Vgl. Naqvi, Syed Nawab Haider: Islam, Economics, and Society. London, New York: Kegan Paul International, 1994, S. 73.
[36] Vgl. ebd., S. 73ff.
[37] Vgl. ebd., S. 75f.

für das kapitalistische Handeln besteht also im Gewinn und dessen ständiger Maximierung. Dies bildet auch das oberste Prinzip.[38]

Im Islam ist der Wunsch nach Verbesserung der eigenen wirtschaftlichen Situation als Motivator zwar anerkannt, insgesamt wird aber eine gebende Haltung bevorzugt. Dies begründet sich in dem Gedanken, dass Gott der Geber aller Güter ist und dass somit alle ein Recht auf diese haben.

Beide Systeme kennen das Prinzip eines freien Marktes. Der Kapitalismus strebt hier eine strenge Nutzenmaximierung der eigenen, wirtschaftlichen Position an, die zur Ausbeutung der schwächeren Teilnehmer führt.[39] Der Islam versucht, diese Ausbeutung durch die Überordnung religiöser Leitwerte so weit wie möglich zu verhindern oder zu reduzieren.

Der Kapitalismus steht für eine absolute Freiheit des Besitzes. Dagegen ist im Islam die Verfügungsgewalt begrenzt, wenn zum Beispiel durch den Entzug von für die Gesellschaft existentiellen Faktoren Gefahr oder massive Schädigung der Allgemeinheit drohen. Auch der Kapitalismus kann in seiner realen Ausprägung Züge der sozialen Verantwortung haben, was sich in Mechanismen wie der Einkommenssteuerprogression zeigen kann, allerdings ist hier der Umverteilungsgedanke nicht so zentral wie im Islam, wo Bedürftige ein Recht auf einen Teil des Vermögens besser Gestellter haben.[40] Dies verwirklicht die soziale Pflichtabgabe *Zakat*, die noch eingehend erläutert wird.

Im folgenden Kapitel sollen die Besonderheiten und zentralen Punkte des islamischen Wirtschaftssystems angesprochen werden, während das System später an beispielhaften Transaktionen des Wirtschaftslebens und durch eine volkswirtschaftliche Betrachtung kritisch überprüft wird.

---

[38] Vgl. Theimer, Walter (1981), S. 153.
[39] Vgl. Naqvi, Syed Nawab Haider (1994), S. 77.
[40] Vgl. ebd., S. 77f.

II. Besonderheiten und Prinzipien des islamischen Wirtschaftssystems

1. Erlaubtes und Verbotenes - *Halal* und *Haram*

Aufgrund der religiösen Vorschriften im Islam sind zum Beispiel einige Nahrungsmittel wie Alkohol und Schweinefleisch verboten (arabisch *haram*, das Gegenteil ist *halal*).[41] Dies hat insofern mit der Wirtschaft zu tun, als dass dies nicht nur „am eigenen Tisch zu Hause" verboten ist, sondern auch der Verkauf, Handel oder Transport solcher Waren untersagt ist. Ebenso verhält es sich bei der Anstellung von und der Beteiligung an Firmen, die sich im Bereich verbotener Produkte oder Dienstleistungen engagieren.[42] Für Muslime macht es dabei keinen Unterschied, ob das oben genannte Produkt oder die Dienstleistung in einer Gesellschaft generell verboten oder erlaubt ist. Weiter fallen unter diese Verbote das Glücksspiel, Pornografie und Prostitution.[43] Der Rahmen des wirtschaftlichen Handelns ist also nicht nur durch spezifische Auflagen, die das Wirtschaften selbst betreffen, wie zum Beispiel das Zinsverbot, das später eingehend behandelt wird, sondern auch durch verbotene Güter und Dienstleistungen abgesteckt, an denen die direkte und indirekte Beteiligung untersagt sind.

2. Das Verständnis von Eigentum

Kerngedanke der Vorstellung vom Eigentum im Islam ist die des Kalifats (arabisch *Khilafa*, wörtlich *Nachfolgerschaft*). Der Mensch ist der von Allah eingesetzte *Khalifa* (wörtlich *Nachfolger*). Wir verwenden hier *Khalifa* als Nachfolger und nicht Statthalter, wie dieser Begriff häufig übersetzt wird. Der Mensch regiert die irdischen Güter nicht anstelle Allahs, und er ist auch nicht Allahs Nachfolger, sondern von diesem als Nachfolger der vorigen Generation und zur Bebauung der Erde bestimmt. Daraus ergibt sich eine Verantwortung des

---

[41] Koran, Sure 2, Verse 173 und 219.
[42] Vgl. Ibn Rassoul, Abu-r-Rida´ Muhammad Ibn Ahmad: Handbuch der Zakah und der islamischen Wirtschaftslehre. Köln: IB Verlag Islamische Bibliothek, 2001, S. 117.
[43] Vgl. Qaradawi, Jusuf Al-: Erlaubtes und Verbotenes im Islam. München: SKD Bavaria Verlag, 1998, S. 18f.

Menschen bei der Verteilung und dem Umgang mit Kapital, Boden, Produktionsanlagen etc.

Shafi schreibt zum Umgang mit dem Eigentum:

> „Thus man has the right of property over the things he exploits, but this right is not absolute, arbitrary or boundless – it carries along with it certain limitations and restrictions which have been imposed by the ´real´ owner of this ´wealth´".[44]

> „Der Mensch hat zwar ein Recht über die Dinge, die er verwertet, aber dieses Recht ist nicht absolut, willkürlich oder grenzenlos. Das Recht birgt eine gewisse Begrenzung und Einschränkung, welche von dem „wahren" Eigner dieses Reichtums auferlegt wurde."

Dabei ähneln sich die Auffassungen von Christentum und Islam. Der Islam ist keinesfalls gegen die Ökonomie, der Mensch wird im Gegenteil sogar aufgefordert, sich mit den ihm zur Verfügung stehenden Talenten und Mitteln effektiv für sich selbst und andere einzusetzen. Nur darf die Materie nicht zum Selbstzweck und einzigem Ziel werden.[45] Da Gott der Leihgeber der Güter ist, müssen diese auch nach dessen Vorstellung und Geboten verwendet werden. Hierzu gehört zum Beispiel die verbindliche Abgabe an wirtschaftlich schlechter Gestellte oder das Verhindern gesellschaftlicher Krankheiten und Missstände, die durch unbedachten Mitteleinsatz entstehen können.[46] Der Umgang mit „Materie" kann also keinesfalls unter rein ökonomischen Gesichtspunkten, losgelöst von Werten, Moral oder religiösem Bekenntnis gesehen werden.

3. Umwelt und Rohstoffe - Das öffentliche Gut

Die Verantwortung, die gegenüber dem Einsatz eigener oder Mitteln der Allgemeinheit besteht, gilt insbesondere auch für die Umwelt. Auch diese wurde von Gott geschaffen und dem Menschen lediglich zur Nutzung und Bebauung zur Verfügung gestellt. Der Mensch hat kein Recht, die Umwelt für eigene

---

[44] Shafi, Maulana Mutti Muhammad: Distribution of Wealth in Islam. Lahore: Nisar Art Press, 1998, S. 9.
[45] Vgl. ebd., S. 6.
[46] Vgl. ebd., S. 10.

Ziele auszubeuten oder als Folge eigener Ziele zu zerstören. Die Natur ist vielmehr wie alle Güter eine Leihgabe, die mit entsprechender Würdigung zu nutzen ist. Rassoul geht so weit zu sagen: „Die Ablehnung Allahs Gesetze bedeuten die Ablehnung Seiner Gebote zur Erhaltung der Umwelt."[47]

Bodenschätze dürfen nicht ausschließlich in den Besitz einzelner oder in den einer kleinen Elite gelangen. Der Abbau oder das Fördern von Bodenschätzen wie Öl, Erdgas oder Gold kann aber durchaus von privaten Unternehmen betrieben werden, solange diese die Allgemeinheit über Abgaben in realistischem Verhältnis teilhaben lassen und für angerichtete Schäden haften. Ebenso ist die Gewinnung der Bodenschätze durch Staatsbetriebe oder unter staatlicher Beteiligung denkbar.[48]

Es folgen auszugsweise Stellen des Korans, die das Thema Umwelt betreffen:

> Sure 7, Vers 56: Und stiftet kein Verderben auf der Erde, nach ihrer Ordnung, und ruft zu Ihm in Furcht und Hoffnung, die Barmherzigkeit Allahs ist ja nahe den Guthandelnden.

> Sure 23, Vers 18: Und Wir haben vom Himmel Wasser herabgesandt mit Maß und haben ihm in der Erde Wohnung gegeben (...)

> Sure 30, Vers 41: Das Unheil ist sichtbar geworden auf dem Land und dem Meer wegen dem, was die Hände der Menschen erworben haben (...)

In Sure 56, Vers 70, ist im 1.400 Jahre alten Koran zudem vom wörtlich sauren, ungenießbaren Regen die Rede (arabisch *Udschadsch*).[49]

Neben der Verantwortung für fremde Güter und die der Allgemeinheit sollen auch einige der islamischen Tugenden für den Schutz der Umwelt sorgen. Diese fasst Sarwar zusammen:

---

[47] Ibn Rassoul, Abu-r-Rida´ Muhammad Ibn Ahmad (1997), S. 751.
[48] Vgl. Taleghani, Ayatollah Sayyid Mahmud: Society and Economics in Islam. Berkeley: Mizan Press, 1982, S. 29.
[49] Vgl. Denffer, Ahmad von: Islam und Umwelt. 2. Aufl., München: Islamisches Zentrum, 1999, S. 15.

„Islam encourages simplicity, modesty, charity, mutual help and cooperation. It discourages miserliness, greed, extravagance and unnecessary wastage."[50]

„Der Islam ermutigt zur Einfachheit, Mäßigung, Wohltätigkeit, gegenseitiger Hilfe und Kooperation. Er hält ab von Geiz, Gier, Extravaganz und unnötiger Verschwendung."

Man kann sich leicht vor Augen führen, dass Umweltschädigungen und Ressourcenmissbrauch bei weitem nicht die heutigen Ausmaße angenommen hätten, wenn sich die Menschen, Muslime wie Nichtmuslime, nur teilweise nach solchen Werten verhielten.

Lässt sich der Begriff Umwelt noch weiter fassen? Saeedullah Qazi führt in seinem Buch „Environment and Islam" weitere Formen der „Verschmutzung" an. So spricht er von „religious pollution" und meint damit die mangelnde Wertschätzung gegenüber dem Schöpfer, der das Kunstwerk der Natur, die uns umgibt, geschaffen hat. Es sei nur ein Teil der Religion, sich um die „innere Reinheit" zu kümmern. Es gehöre genauso zum Islam, die Umwelt rein zu halten, ebenso wie man sich vor dem Gebet wäscht (arabisch *Wudhu`*).[51] So lautet ein Ausspruch Muhammads (s) aus der Sammlung Al-Bucharis[52]:

> Abu Huraira (r) hörte Allahs Gesandten (s) sagen: „Wenn ein Fluss an der Haustür eines von Euch wäre, und er darin jeden Tag fünfmal baden würde, würdest du sagen, dass auf ihm (noch) Schmutz zurück bliebe?" Die Leute sagten: „Kein Schmutz würde auf ihm zu-

---

[50] Sarwar, Ghulam: Islam. Beliefs and Teachings. Lahore: Aftab Alam Printing Press, 1992, S. 175.
[51] Vgl. Qazi, Saeedullah: Environment and Islam. Islamabad: Gul Awan Printers, 1998, S. 46.
[52] Überlieferungen des Propheten Muhammad (s) wurden von berühmten Gelehrten wie Al-Buchari, Muslim oder At-Tirmidhi geprüft und in Werken zusammengestellt. Jede Überlieferung kann der Überprüfung solcher Gelehrten zugeordnet werden. Der Name eines Gelehrten, der die zweifelsfreie Überlieferung bescheinigte, wird im Folgenden bei Überlieferungszitaten stets mit einer Fußnote angegeben. Durch diese Angabe können die verwendeten Quellen den allgemein bekannten und zugänglichen *Hadith*-Sammlungen der entsprechenden Gelehrten zugeordnet und bei Bedarf eingesehen werden.

rückbleiben." Er sagte: „Und das gleiche ist mit den fünf Gebeten, mit denen Allah die Sünden wegwäscht."[53]

Auch wenn es in diesem Ausspruch um die „innere Reinheit" geht, lässt er doch die Assoziation zu, dass es nicht zweckdienlich wäre, in einem verschmutzten Fluss die für das Gebet notwendige Waschung zu vollziehen. Gott hat dem Menschen eine Vielzahl von Anweisungen gegeben, wie er mit der Natur, sich selbst und anderen Menschen umzugehen habe. Dies alles sind Teile der Umwelt.

Qazi spricht ferner von „moral pollution", dem Verfall des angemessenen Verhaltens unter den Menschen selbst. Mit „economic and political pollution" klagt er die wirtschaftliche Ungerechtigkeit und das heuchlerische Verhalten der Industrienationen an, die sich nach außen hin zum Beispiel gegen die Kinderarbeit aussprächen, aber nicht bereit seien, ihren Reichtum zu teilen, der diese überflüssig werden lassen könnte.

Im Koran wird das Paradies als Garten beschrieben. Dieses Bild bekommt mit zunehmender Betonierung, Ausbeutung, Verwüstung und Verseuchung der Erde mehr Sinn. Gleichbedeutend welcher Aspekt der Umweltproblematik beleuchtet wird, besteht für einen gottesfürchtigen Menschen die Pflicht, sich wertschätzend und bewusst gegenüber der Schöpfung zu verhalten.

> „Denn die Schöpfung der Natur und Umwelt wird vom Menschen nur dort geachtet, gepflegt, erhalten und geschützt, wo der Mensch seine Verantwortlichkeit erkennt."[54]

4. Der Wohlfahrtsgedanke

Es dürfte bereits deutlich geworden sein, dass die Grundzüge der islamischen Wirtschaftsordnung ein gerechtes Miteinander zu erreichen versuchen. Es ist neben der Gott-Mensch-Beziehung auch ein Reglement für das Verhalten der Menschen untereinander gegeben, das sich teilweise in sehr konkreten „Maßregelungen" widerspiegelt. Wie zuvor dargestellt, soll die Rolle des Nachfolgers (arabisch *Khalifa*) den Menschen zu einem verantwortungsvollen Um-

---

[53] Denffer, Ahmad von: Ein Tag mit dem Propheten. Islamabad: IRI Press, 1981, S. 25.
[54] Denffer, Ahmad von (1999), S. 34.

gang nicht nur mit sich selbst, sondern mit seiner ganzen Umwelt bewegen. Auflagen bezüglich des Handels wie das Zinsverbot, obligatorische Abgaben (*Zakat*) und Verhaltenskodizes sollen ein nachhaltiges und wirtschaftsgeografisch ausgeglichenes Dasein aller Menschen ermöglichen. Dies soll optimale Rahmenbedingungen für den Menschen schaffen, um sich spirituell zu entwickeln und ebenso seine weltlichen Bedürfnisse befriedigen zu können.[55]

Der Islam schreibt weder Askese vor, noch verurteilt er materielles Wohlbefinden, legt für dieses jedoch ein Maß fest und erlaubt nicht jegliche Mittel zum Erreichen dieses Ziels. Die Mäßigung zum Beispiel im Konsum aus Gründen der Bescheidenheit oder zum Wohle anderer soll für den Gläubigen ein unbedeutender Verzicht im Vergleich zu der Belohnung seiner Taten im Jenseits sein. So heißt es in Sure 9, Vers 38:

> (...) Seid ihr mit dem Leben dieser Welt mehr zufrieden als mit dem Jenseits? Und die Nutznießung des Lebens dieser Welt ist hinsichtlich des Jenseits nur wenig.

Nach dem islamischen Verständnis von Verzicht im Diesseits und Belohnung im Jenseits hat auch der Staat die Aufgabe, die zur Umverteilung nötige Struktur zu schaffen, und trägt entsprechende Verantwortung.

Alle Menschen müssen mit dem Wichtigsten versorgt sowie vor dem Gesetz gleichgestellt und durch dieses geschützt werden.[56]

5. Die Aufgabe des Staates

Die Staatsform des Islam stützt sich auf drei Pfeiler: die Bezeugung der Einheit und Einzigkeit Gottes (arabisch *Tauhid*), die Botschaft des Propheten (arabisch *Risala*) und die Nachfolgerschaft (arabisch *Khilafa*).[57] Eine detaillierte Erörterung zum Staatsaufbau würde den Rahmen dieses Buches sprengen, es seien aber einige Grundzüge zum zusammenhängenden Verständnis erläutert. Das Staatsoberhaupt, der Kalif (arabisch *Khalifa*), ist der *Amir* (wörtlich *Befehlshaber*)

---

[55] Vgl. Sarwar, Ghulam (1992), S. 179.
[56] Vgl. Maududi, Syed Abul A´la: Human Rights in Islam. Lahore: Nisar Art Press, 1998, S. 9.
[57] Vgl. Maududi, Sayyid Abul A´la (1996), S. 57.

und ist mit einem Regierungschef zu vergleichen. Neben dem *Amir* gehört die *Schura*, die verpflichtende kollektive Beratung, zum politischen System des Islam. Der bekannte Gelehrte Maududi beschreibt die Rolle der Regierung folgendermaßen:

„The agency of running the affairs of the state will be formed by agreement with these individuals, and the authority of the state will only be an extension of the powers of the individuals delegated to it."[58]

„Die Institution zur Leitung der Staatsgeschäfte wird mit dem Einverständnis jener Individuen gebildet, und die Autorität des Staates wird nur eine Verlängerung der Kräfte der Individuen, die diese übertragen haben, sein."

Die Rechte der nichtmuslimischen Mitbürger (arabisch D*himmi*) unterliegen gegenüber denen der Muslime keinerlei Einschränkungen:

„The life, property and honour of a dhimmi is to be respected and protected in exactly the same way as that of a Muslim citizen."[59]

„Das Leben, das Eigentum und die Ehre der nichtmuslimischen Mitbürger müssen genau in dem Maße respektiert und beschützt werden wie die der muslimischen Bürger."

Zu den Quellen für die Staatsform sei hier nur kurz der retrospektive Ansatz, das heißt die Orientierung an dem Modellstaat Medina, und der deduktive Ansatz anhand der Ableitung von Normen aus dem Koran skizziert. Bei Ersterem dienen die Informationen über die erste Staatsform von Medina nach der Auswanderung Muhammads (s) ab 622 als Richtlinie. Zahlreiche Berichte, Überlieferungen und Gesellschaftsverträge machen dies möglich. Beim deduktiven Ansatz wird auf Basis der Normen des Korans eine operationale Zielsetzung zur Findung einer Ordnungspolitik abgeleitet, das heißt, man versucht,

---

[58] Maududi, Syed Abul A´la (1998), S. 8.
[59] Ebd., S. 10.

ein System zur Umsetzung der im Koran vorkommenden Werte und Normen zu entwickeln.[60]

Eine Trennung von Religion, Politik und Wirtschaft ist in der islamischen Vorstellung undenkbar. Chapra führt dazu an, dass soziale Werte in einem Staat, in dem der Säkularismus die vorherrschende Denkweise darstellt, im Ganzen nicht zu verwirklichen seien. Nicht, weil der Säkularismus automatisch Wertelosigkeit bedeuten muss, sondern weil dort religiöse Werte vom wirtschaftspolitischen Feld getrennt betrachtet würden. So fehlten bei einer Übertretung dieser durch Werte abgesteckten Schranken in Wirtschaft oder Politik das Bewusstsein und die entsprechende Ahndung durch die Gesellschaft. Ohne diese Ahndung gäbe es massive Schwierigkeiten bei der Priorisierung von sozialen Belangen und bei der Konsensfindung zu ihrer Umsetzung. Ferner meint Chapra, dass Werteneutralität nur in Harmonie mit einem System, das Individualität und Egoismus befürwortet, möglich sei, was nicht als Ideal angestrebt werden sollte.[61]

Wenn der Staat der „verlängerte Arm" des Volkes ist und soziale Gerechtigkeit angestrebt wird, müssen aber nicht nur dieser, sondern alle Teile der Gesellschaft das Nötige zum gemeinsamen Wohl beitragen.

6. Unternehmer- und Konsumentenverantwortung

„Human resource development should be the first objective of our developmental policy."[62]

„Die Entwicklung der Ressource Mensch sollte das erste Ziel unserer Entwicklungspolitik sein."

Auf diese Weise drückt es Ahmad aus. Neben den Staatsorganen sind es die Unternehmer und Konsumenten, die die Gesellschaft ausmachen. Jedes Vorhaben kann langfristig nur mit ihnen realisiert werden. Wie der Staat Verantwor-

---

[60] Vgl. Ucum, Ufuk (1998), S. 101ff.
[61] Vgl. Chapra, Muhammad Umer: Islam and the Economic Challenge. Herndon, Virginia: International Institute of Islamic Thought, 1992, S. 344.
[62] Ahmad, Khurshid: Economic Development in an Islamic Framework. 2. Aufl., Leicester: Joseph A. Ball, 1994, S. 14.

tung für seine Bürger trägt, tragen die Bürger Verantwortung für ihre Gemeinschaft. So lautet ein viel zitierter Vers im Koran in Sure 13, Vers 11:

> (...) Allah ändert ja nicht, was mit einem Volk ist, bis sie ändern, was mit ihnen selbst ist (...).

Nur wenn die einzelnen Wirtschaftssubjekte bereit sind, ihre Werte in Form einer sozialen und wirtschaftlichen Gerechtigkeit auch zu leben, ist dieses Ziel erreichbar:

> „Change consists in environmental change and change within the hearts and soul of man – his attitudes, his motivation, his commitment, his resolve to mobilise all that is within him and around him for the fulfilment of his objectives".[63]

> „Wandel besteht aus dem Wandel der Umgebung und dem Wandel im Herzen und in der Seele des Menschen – seiner Einstellungen, seiner Motivation, seiner Bemühungen und seines Entschlusses, alles, was in ihm und um ihn herum ist, zu mobilisieren, um seine Ziele zu erreichen."

Dies setzt unmittelbar das entsprechende Verhalten auf beiden Seiten der eng verknüpften Konsumenten-Unternehmer-Beziehung voraus.

Die Verbraucher haben durchaus die Machtstellung, die Hersteller zu umweltbewusstem, sozialem und gerechtem Handeln zu bewegen. Sobald eine Gruppe von Abnehmern Produkte und Dienstleistungen von umwelt- und sozialgerecht arbeitenden Unternehmen fördert und gegensätzliche meidet, findet ein Umbruchprozess statt. Analog dazu können die Anbieter und Hersteller von Dienstleistungen und Waren dem Abnehmer sinnvolle Alternativen offerieren und ihn in seinen Kaufgewohnheiten „erziehen" bzw. positiv beeinflussen, indem sie ihm keine sinnlosen Wünsche implementieren. Das wohl stärkste Instrument hierfür ist das Marketing.

---

[63] Ebd., S. 11.

Dies setzt auch eine Neudefinition von Begriffen wie „wirtschaftliche Entwicklung" und "Wachstum" voraus. So müsste etwa das auf das rein Wirtschaftliche reduzierte Wort „Wachstum" um die Dimensionen Moral, Gerechtigkeit und Gleichheit erweitert werden, was einen Abschied oder zumindest Umbau von den klassischen Wachstumstheorien bedeuten würde. Gerade die Vorstellung im Islam, dass ein Verzicht kein Verlust sei, da dieses Handeln, sofern eine gute Absicht (arabisch *Niya*) dahinter steht, von Gott belohnt wird, sollte bei der Veränderung helfen. Sinnvollerer Konsum oder teilweiser Verzicht würde anderen Menschen und nachfolgenden Generationen mehr Ressourcen und eine heilere Umwelt be- bzw. hinterlassen. So hält der Koran in Sure 7, Vers 31, zur Mäßigung an und ermahnt den Menschen, seinen „Schmuck" - das heißt seine Freude - nicht nur im Konsum zu suchen:

> Ihr, Kinder Adams, nehmt euren Schmuck bei jeder Moschee, und esst und trinkt, und seid nicht maßlos, Er liebt ja nicht die Maßlosen.

7. Business Ethics - Ethik im wirtschaftlichen Verhalten

An dieser Stelle sollen nicht die ethisch-moralischen Grundsätze des Islam im Allgemeinen erläutert werden, sondern lediglich eine kurze Aufführung ihrer speziellen Bedeutung im Rahmen von Wirtschaftsbeziehungen vorgenommen werden. Die meisten dieser Grundsätze sind nicht nur im Islam bekannt, sondern kommen in der einen oder anderen Form in vielen Religionen vor. Einiges davon mag selbstverständlich erscheinen, soll aber der Vollständigkeit halber erwähnt werden.

Falls eine Unternehmung aus mehr als einer Person besteht, beginnt das korrekte Verhalten an oberster Stelle. So soll hier eine Vorbildfunktion gegeben werden. Dies beinhaltet die adäquate Behandlung aller Geschäftspartner und Mitarbeiter auf allen Ebenen sowie deren Schutz. Auf der Mitarbeiterebene bedeutet dies unter anderem eine gerechte Entlohnung.[64] In gewisser Weise ist man auch verantwortlich für Geschäftspartner, Lieferanten etc., falls man von

---

[64] Vgl. Chapra, Muhammad Umar: Objectives of the Islamic Economic Order. In: Ahmad, Khurshid (Hrsg.): Islam. Its Meaning and Message. 5. Aufl., Lahore: A.H. Publishers, 1997, S. 173-195, S. 184.

deren „unfairen" Praktiken weiß und diese durch Zusammenarbeit fördert. Es gibt generell keine Ausrede oder Relativierung durch das Fehlverhalten anderer, selbst wenn diese die Mehrheit darstellen.

Sure 74, Vers 38: Jede Seele ist von dem, was sie erwarb, abhängig.

Jede Form der Lüge, des Betrugs, Hehlerei, Bestechung und Hinterziehung sowie der bewussten Übervorteilung ist verboten.

Sure 17, Vers 35: Und gebt das volle Maß, wenn ihr zumesst, und wiegt mit der richtigen Waage, dies ist besser und das beste Ergebnis.

Das unfaire Ausnutzen einer Machtposition durch Größe oder Monopolstellung verletzt ebenso die Verantwortung des Unternehmens. Hier müsste gegebenenfalls der Staat durch eine Form der Regulierung eingreifen. Beekun nennt drei Dimensionen der Unternehmensverantwortung:

„An organization exercises social responsibility in three domains: its stakeholders, the natural environment, and the general social welfare."[65]

„Eine Organisation trägt in drei Bereichen soziale Verantwortung: gegenüber ihren Bezugsgruppen (Stakeholder), der Umwelt und dem Wohl der Allgemeinheit."

Nicht zu vergessen ist, dass Wettbewerber ebenso Stakeholder sind, also in einem Beziehungsverhältnis zum Unternehmen stehen, und auch sie einen Anspruch auf fairen Wettbewerb haben. Ein fairer Wettbewerb fördert die Leistungssteigerung und ermöglicht Fortschritt. Unfairer Wettbewerb dagegen schadet allen Beteiligten. Das Horten von Ware, um künstlich höhere Preise zu

---

[65] Beekun, Rafik Issa: Islamic Business Ethics. Herndon, Virginia: International Institute of Islamic Thought, 1997, S. 38.

erzielen und der Gesellschaft eventuell sogar wichtige Güter vorzuenthalten, ist ebenso verboten:

> Sure 9, Vers 34: (...) und diejenigen, die das Gold und Silber horten und es nicht auf dem Weg Allahs ausgeben, so künde ihnen schmerzende Strafe an (...).

Der Koran beinhaltet folgende Aussage zum Umgang mit Schuldnern, die in Zahlungsschwierigkeiten sind:

> Und wenn einer in Schwierigkeiten ist, so gilt Nachsicht bis zur Erleichterung, und dass ihr es als Spende gebt, ist besser für euch, wenn ihr das wisst. (Sure 2, Vers 280).

Verträge und Versprechen sind einzuhalten. Der Islam empfiehlt, alle Unklarheiten, die leicht zu späteren Streitigkeiten führen können, zu vermeiden und Absprachen schriftlich zu fixieren.

Im Folgenden werden eine Reihe auf islamischen Quellen beruhende konkrete Handlungsanleitungen für den Bereich Handel und wirtschaftliche Interaktion aufgeführt. Die zweifelsfreie Überlieferung dieser Quellen macht es jedem Muslim zur Pflicht, sich entsprechend zu verhalten, und gilt für jede teilhabende Vertragspartei:

Entgegenkommen und Nachsicht beim Kauf und Verkauf

Weder Käufer noch Verkäufer dürfen durch überhöhten Druck oder auf unredliche Art und Weise einen zu niedrigen Kauf- oder zu hohen Verkaufspreis erzwingen.

> Nach Dschabir Ibn Abdullah (r) berichtete der Gesandte Allahs (s): „Allah möge einem Mann Gnade gewähren, der großmütig bleibt, wenn er verkauft, wenn er kauft und wenn er sein Recht einfordert."[66]

---

[66] Al-Buchari.

Ehrlichkeit und Kongruenz beim Handeln

Der Verkäufer darf nicht vorsätzlich Mängel der Ware verheimlichen. Er hat in jeglicher Hinsicht dafür Sorge zu tragen, dass dem Käufer die Ware in ihrer wahren Natur präsentiert und veräußert wird.

Rafa'a (r) berichtet, dass er sich eines Tages zusammen mit dem Gesandten Allahs (s) zum Gebet begeben wollte. Auf dem Weg dorthin begegneten sie Händlern, die gerade ihre Geschäfte abwickelten. Daraufhin rief Muhammad (s) ihnen zu:

„O ihr Geschäftsmänner", hierbei wendeten sie ihren Blick zu ihm, „die Händler werden am Jüngsten Tage allesamt als Frevler auferstehen, außer die Gruppe unter ihnen, die die Gottesfurcht beherzigt, ehrlich ist und in redlicher Art mit dem Handel umgeht."[67]

Hakim Ibn Hizam (r) berichtet, dass der Gesandte Allahs (s) sagte: „Der Käufer und der Verkäufer haben die Wahl, von ihrem Geschäft zurückzutreten, solange sie noch nicht auseinander gegangen sind." Oder er sagte: „…bis sie auseinander gegangen sind." Und „sollten sie aufrichtig zueinander gewesen sein und alles offen gelegt haben, so wird ihnen *Baraka* [wörtlich *Segen*] in ihr Geschäft gelegt. Doch sollten sie einander etwas verschwiegen oder Unwahres gesagt haben, so wird die *Baraka* ihres Geschäfts damit vernichtet."[68]

Verbot des Schwörens

Der Prophet (s) tadelte Leute, die beim Verkauf auf Allah schwören, um ihre Aussagen zu untermauern:

Abu Huraira (r) berichtet, dass der Gesandte Allahs (s) einmal sprach: „Achtet darauf, beim Verkaufen nicht viel zu schwören, denn das Schwören lässt die Ware schnell verkaufen, aber vernichtet danach die *Baraka* [wörtlich *Segen*]."[69]

---

[67] At-Tirmidhi.
[68] Al-Buchari, Muslim.
[69] Muslim.

Zum einen besteht beim Verkaufsschwur die Gefahr, dass Unwahrheiten bekräftigt werden, zum anderen soll das Zeugnis Allahs nicht in so deflationärer Art und Weise verwendet werden.

> Und macht nicht Allah zu einem Hindernis für eure Eide, dass ihr fromm seid und gottesfürchtig seid und es zwischen den Menschen in Ordnung bringt (...) (Sure 2, Vers 224).

Entrichtung von freiwilligen Spenden (Sadaqa)

Die freiwillige Spende im Islam hat einen hohen Stellenwert, und so wird neben Pflichtabgaben und der „grundlosen" Entrichtung von Almosen auch gerne ein Geschäft zum Spendenanlass genommen. Die Absicht kann sowohl im Dank für den Erfolg als auch in der Bitte um Allahs Segen liegen. Zu irdischem Wohlstand gelangt man nicht nur durch geschicktes Handeln und Fleiß, sondern durch Gottes Gnade.

> Quais Ibn Abi Ghurza (r) berichtet, dass der Prophet Muhammad (s) zu ihnen kam, und sie wurden Makler genannt. Dann sagte er: „Ihr Geschäftsleute! Gewiss, der *Schaitan* [wörtlich *Teufel*] und die Verfehlung sind bei den Geschäftsabwicklungen stets gegenwärtig, so vermengt eure Geschäfte mit der Zahlung von *Sadaqa* [wörtlich *freiwillige Spenden*]."[70]

Schriftliche Fixierung des Kaufvertrags und Einbeziehung von Zeugen

Wenn ein Kaufvertrag mit Vereinbarung der Zahlung des Kaufpreises zu einem festgesetzten Termin erfolgt (Terminkauf), gilt es nach der *Scharia* als empfohlen (arabisch *mustahab*), Vereinbarungen über die Höhe des Kaufpreises und den Zahlungstermin schriftlich festzuhalten. So können Streitigkeiten beider Parteien mit gegenseitigen Unterstellungen vermieden werden.

> Ihr, welche die Gewissheit verinnerlicht haben, wenn ihr euch verschuldet mit einer Schuld zu einer festgesetzten Frist, so schreibt sie auf (...) (Sure 2, Vers 282).

---

[70] At-Tirmidhi.

Ebenso ist es nach der *Scharia* empfohlen, dass die Willenserklärungen bei schriftlich festgehaltenen Vereinbarungen durch Zeugen bekräftigt werden:

> (...) und verlangt das Zeugnis zweier Zeugen von euren Männern, und wenn es nicht zwei Männer sind, so ein Mann und zwei Frauen, mit denen ihr als Zeugen zufrieden seid (...) (Sure 2, Vers 282).

> (...) und werdet nicht müde, dass ihr sie [die Schuld] aufschreibt, klein oder groß, zu ihrer Frist. Dies ist richtiger bei Allah und beständiger für das Zeugnis und näher, dass ihr nicht Zweifel bekommt (...) (Sure 2, Vers 282).

Durch schriftliche Fixierung und Bezeugungen können die Rechte aller Beteiligten sicher gewahrt werden.

Neben den allgemeinen Verhaltensgrundsätzen finden sich noch weitere und konkretere Reglements im wirtschaftlichen Bereich, wie zum Beispiel der Umgang mit Zins.

8. Die Natur des Zinses und zinslose Wirtschaft

8.1. Das Zinsverbot

Wie die folgenden Abschnitte aufzeigen werden, hat das Zinsverbot die stärkste Wirkung auf das Wirtschaftssystem des Islam. So ist es verboten, den Zins (arabisch *Riba*) zu nehmen oder zu zahlen, unabhängig davon, ob einer oder alle Beteiligten Muslime sind.

> Sure 2, Vers 276: Allah streicht den Zins aus und lässt die Spenden wachsen, und Allah liebt nicht jedweden gänzlichen Verweigerer, mutwillig Sündenden.

> Diejenigen, die den Zins fressen, stehen nicht anders da als derjenige dasteht, den der Teufel durch das Berühren niedergestreckt hat, dies, weil sie gesagt haben: „Der Kauf ist das gleiche wie der Zins." Und den Kauf hat Allah gestattet, und Er hat den Zins verboten, und zu wem Ermahnung von Seinem Herrn kommt, und er enthält sich, so

ist für ihn, was vorausging, und seine Sache ist bei Allah, und wer zurückgekehrt ist, so sind diese die Gefährten des Feuers, sie bleiben ewig dort. Allah streicht den Zins aus und lässt die Spenden [*Sadaqa*] wachsen, und Allah liebt nicht jedweden gänzlichen Verweigerer, mutwillig Sündenden. (Sure 2, Vers 275-76).

Im Koran gibt es viele Verse, die das Zinsverbot proklamieren, und eine Vielzahl von Aussprüchen Muhammads (s), die sich darauf beziehen.

Die selten vertretene Meinung, das Verbot beziehe sich nur auf den Wucher, ist unter Berücksichtigung der absoluten Mehrheit aller Gelehrtenmeinungen nicht haltbar. Dies gilt auch für einen Zins, der nur dem Inflationsausgleich dienen soll.[71] Eine differenzierte Betrachtung des Vorkommens von Zins in unterschiedlichen wirtschaftlichen Vorgängen erfolgt in Kapitel III. Zuerst soll jedoch der Begriff und die Natur des Zinses erläutert werden.

8.2. Begriffsdefinition und Arten des Zinses

Sprachlich bedeutet das arabische und in den Quellen vorkommende Wort *Riba* jegliche Art von Zuwachs, Vermehrung, Überschuss oder Aufschlag und ist als Synonym für Zins zu verstehen.

Ein Beispiel für die sprachliche Verwendung im Koran:

Und was ihr mit *Riba* verleiht, damit es sich durch die Vermögenswerte der Menschen vermehrt, dies vermehrt sich bei Allah nicht. (Sure 30, Vers 39).

In obigem Sinne wird Zins (arabisch *Riba*) ferner an folgenden Stellen des Korans verwendet: Sure 2, Vers 276, Sure 22, Vers 5, und Sure 16, Vers 92.

Allgemein kann Zins oder *Riba* als der Austausch eines Vermögenswertes gegen einen anderen mit einem Aufschlag ohne entsprechende Gegenleistung definiert werden.

---

[71] Vgl. Chapra, Muhammad Umer: Towards a Just Monetary System. A Discussion of Money, Banking and Monetary Policy in the Light of Islamic Teachings. Leicester: The Islamic Foundation, 1985, S. 57.

Es ist notwendig, zwei Zinsarten nach der *Scharia* zu unterscheiden, um die Gelehrtendiskussionen, die die Thematik im tiefsten Detail und nach den verschiedenen Schulen behandelten, besser einordnen zu können. Auf die Beiträge der islamischen Gelehrten (arabisch *Fuqaha`*) wird hier nur ansatzweise eingegangen, da dies sonst den Rahmen sprengen würde.

Fachspezifisch unterscheidet die *Scharia* zwei Arten von Zins:

1. *Riba al-Fadl*: der vertragliche Austausch bestimmter gattungsgleicher Güter, die jedoch bei Vertragsabschluss in ihrem Eichmaß der *Scharia* (z.B. Menge, Volumen, Gewicht) unterschiedlich sind

2. *Riba an-Nasi`ah*: der vertragliche Austausch bestimmter, sich mengenmäßig entsprechender Güter mit terminlicher Aufschiebung

Mit Austausch bestimmter Gütern sind hier insbesondere die so genannten zinsnahen Güter gemeint, die im folgenden Abschnitt näher erläutert werden.

Die zwei genannten Formen von Zins sind im Islam absolut verboten. Nienhaus bezeichnet diese Formen als Zins bei Kaufgeschäften (*Riba al-Fadl*) und Zins bei Darlehen (*Riba an-Nasi`ah*).[72]

8.3. *Riba al-Fadl* - Zins bei Kaufgeschäften

Diese Form des Zinses wird auch Überschusswucher genannt und bezieht sich auf den Warenaustausch zinsnaher Güter, nämlich Gold, Silber, Weizen, Gerste, getrocknete Datteln, Salz. Diese Aufzählung entstammt u.a. folgendem Bericht:

> Ubada Ibn as-Samit (r) berichtet: „Gewiss, ich habe dem Gesandten Allahs (s) zugehört, als er den Verkauf von Gold für Gold, von Silber für Silber, von Gerste für Gerste, von Weizen für Weizen, von Datteln für Datteln und von Salz für Salz verbot, es sei denn, Gleiches für Gleiches, gleiche (Menge) für gleiche (Menge). Wer mehr gibt oder mehr verlangt, vollzieht *Riba*."[73]

---

[72] Vgl. Nienhaus, Volker: Islam und moderne Wirtschaft. Einführung in Positionen, Probleme und Perspektiven. Graz, Wien, Köln: Styria, 1982, S. 9.
[73] Muslim.

Dies wirft zwei Fragen auf, die intensiv unter den Gelehrten diskutiert wurden:

1. Bezieht sich das Verbot nur auf die genannten sechs Warengruppen, und wenn ja, warum?
2. Warum ist der Austausch nur in exakt derselben Menge zulässig?

Die erste Frage führt zur genauen Betrachtung der Charakteristika der Güter und lässt schlussfolgern, dass der Sinn darin liegt, währungsähnliche Zahlungsmittel nicht in Form eines versteckten Zinses gegeneinander zu handeln. Bei der Lösung der zweiten Frage wird deutlich, dass es keinen nachvollziehbaren Grund gibt, gleichwertige Güter zeitgleich gegeneinander zu tauschen. Mit diesem Verbot sollen aber mögliche Übervorteilungen ausgeschlossen werden. Ein fairer Handel von gleichen Gütern kann nur bei gleicher Waage erfolgen, hier wird Zins in Form von ungerechtfertigter Bereicherung verstanden. Durch dieses Zinsverbot bei Warengeschäften wird jegliche Hintertür für Zins und ungerechtfertige Bereicherung geschlossen und zeigt noch einmal deutlich, dass eine unfaire Bereicherung durch Handel genauso abzulehnen ist wie die zweite Form des Zinses, die im nächsten Abschnitt erklärt wird. Zunächst wird jedoch kurz auf die vertraglichen Voraussetzungen bei gattungsgleichen Gütern eingegangen.

Der Austausch gattungsgleicher Güter ist nach der *Scharia* nur erlaubt, wenn:

- Mengengleichheit bzw. eine Entsprechung vorliegt
- Kein Aufschub gewährleistet wird
- Die wechselseitige Besitzergreifung der gegeneinander ausgetauschten Waren auf der Stelle erfolgt.

Ist dies nicht der Fall, ist der Vertrag des Warenaustauschs nach der malikitischen, schafi'itischen und hanbalitischen Schule nichtig (*batil*). Nach den Hanafiten ist der Vertrag nicht nichtig, sondern nur unvollkommen (*fasid*), jedoch tragen beide Parteien eine Sünde für die verbotene Handlung.

8.4. Riba an-Nasi'ah - Zins bei Darlehen

Der Zins bei Darlehen, auch Fristwucher genannt, ist die Mehrleistung, die für die Stundung bzw. zeitliche Aufschiebung einer Schuld in Form von Kapital oder Waren zu erbringen ist. Es handelt sich also um eine Prämie, die von der zeitlichen Differenz zwischen Erhalt der Leistung und deren Begleichung abhängt. Es spielt dabei keine Rolle, ob die überlassenen Waren der gleichen Gattung entsprechen oder ob es sich um verschiedene Gattungen handelt.

> Ihr, welche die Gewissheit verinnerlicht haben, habt Ehrfurcht gegenüber Allah und lasst, was vom Zins nachgeblieben ist, wenn ihr Gläubige seid. (Sure 2, Vers 278).

> Ihr, welche die Gewissheit verinnerlicht haben, fresst nicht den Zins mehrfach vervielfacht und fürchtet Allah, damit es euch vielleicht wohl ergeht. (Sure 3, Vers 130).

Das Zinsverbot findet sich ferner in zahlreichen Überlieferungen des Propheten (s) und ist in weiteren Versen des Korans unzweifelhaft und genau belegt.

Der Darlehenszins entspricht dem, was üblicherweise unter Zins verstanden wird, also die positive Mehrung bzw. erhöhte Rückzahlung von (in der einen oder anderen Form) zur Verfügung gestelltem Kapital.

Im Weiteren wird nur noch von Zins gesprochen. Die Trennung der Zinsarten ist nicht mehr nötig, da beide Zinsarten in ihrem Wesen gleich sind und - außer der bloßen Überlassung von Kapital - eine Mehrung ohne Gegenleistung darstellen. Grundsätzlich kann viel über die verschiedenen Umgehungsformen und über versteckten Zins debattiert werden, letztlich ist alles, was eine Mehrung in Abhängigkeit von Zeit für die zukünftige Begleichung einer Leistung darstellt, Zins und somit im Islam verboten (*haram*). Hierbei muss es sich nicht immer um Geldwerte handeln. Jede Form der Gegenleistung, die als Zins dient, wie Geschenke oder Ähnliches, ist als *haram* zu betrachten. Es ist also sinnvoll, sich auf das Prinzip zu konzentrieren und nicht auf die verschiedenen kreativen

Namensgebungen oder Finanzkonstruktionen einzugehen, die im Laufe der Zeit immer wieder auftauchten und nichts an der Zinskomponente ändern, die sich hinter den entsprechenden Wirtschaftsvorgängen verbirgt. Zu diesen Namensgebungen zählte auch der mittelalterliche Handel mit Fa`ida (wörtlich Mehrwert), was nichts anderes ist als ein Zinssynonym. Der Rückzahlungsbetrag eines Darlehens darf generell den ursprünglich ausgeliehenen Betrag nicht übersteigen.

8.5. Bewertung des Zinsverbots aus islamischer Sicht

In der klassischen und neueren Literatur finden sich etliche Argumente, die den Zins als Instrument wirtschaftlicher Ungerechtigkeit anprangern. Unter den muslimischen Ökonomen werden immer wieder folgende Punkte angeführt: So sei das Bereitstellen von Kapital gegen einen fest vereinbarten Zins ohne das Tragen jeglichen unternehmerischen Risikos keine ausreichende Gegenleistung und somit eine ungerechtfertigte Bereicherung.[74] Weiterhin führe der Zins bei nötigen Konsumkrediten (zum Beispiel in einer Notlage) zur Ausbeutung, da der Empfänger der Mittel aufgrund seiner Not keine Wahl habe und sich seine Lage durch die Inanspruchnahme des Kredits zuzüglich Zins nur noch mehr verschlechtern würde.[75] Hier sollten im Rahmen der Wohltätigkeit oder der Verantwortung des Staates Mittel ohne Rückzahlung oder zumindest zinslose Darlehen zur Verfügung gestellt werden. Selbst bei Produktivkrediten geschieht in jedem Fall einem der Beteiligten Unrecht. Der zentrale Punkt aber ist die Akkumulation von Reichtum, indem immer mehr Kapital zu den bereits gut ausgestatteten Geldgebern fließt. Durch diese sich vergrößernde Kluft entstehen gesellschaftliche Missstände und Unzufriedenheit in unnötigem Maße.[76]

Ein weiterer unerwünschter Nebeneffekt des Zinses kann eine wirtschaftlich passive Haltung derer sein, die bereits genug Geld haben, um bis an ihr Lebensende vom Zins zu leben. Ohne Zinserträge wären diese angehalten, sich

---

[74] Vgl. Chapra, Muhammad Umer (1985), S. 55.
[75] Vgl. Mills, Paul S. / Presley, John R.: Islamic Finance. Theory and Practice. Houndmills u.a.: Macmillan Press, 1999, S. 111.
[76] Vgl. Qaradawi, Jusuf Al- (1998), S. 244f.

trotz Vermögen unternehmerisch zu engagieren, was ebenso dem Rest der Gesellschaft zugute käme.[77]

Auch außerhalb des Islam gibt es unzählige Gegner des Zinssystems. Diese führen noch eine Vielzahl weiterer Argumente gegen den Zins an. Eine tiefgehende Erörterung des Zinsverbots in christlichen Quellen findet sich beispielsweise bei Ucum.[78] Creutz betrachtet losgelöst von Religion die in seinen Augen verheerende Wirkung des Zinses aus den verschiedensten Blickwinkeln.[79] Näheres zur Zinskritik außerhalb des Islam wird im nächsten Abschnitt erläutert.

8.6. Zinskritik aus nichtislamischer Sicht

In der Tat gibt es nahezu unzählige Kritiker des vorherrschenden Wirtschaftssystems, insbesondere des Zinses. Das Feld der Kritiker reicht von Weltreligionen, kleineren religiösen Gruppierungen, Theologen und Philosophen über Verbände, Sozialinitiativen und Systemkritikern bis hin zu diversen Wirtschaftstheoretikern. Seit mehreren tausend Jahren beschäftigen sich diese Denker mit allen Facetten der Wirtschaftstheorie:

> „Das Geld ist für den Tausch entstanden, der Zins aber weist ihm die Bestimmung an, sich durch sich selbst zu vermehren. Daher widerstreitet auch diese Erwerbsweise unter allen am weitesten dem Naturrecht." (Aristoteles).[80]

Ebenso wie der Islam kennen das Juden- und Christentum ein unmissverständliches Zinsverbot. So heißt es im 3. Mose 25.36-37, das für beide Religionen als Quelle gilt:

> „...und du sollst nicht Zins von ihm nehmen, noch Aufschlag, sondern sollst dich vor deinem Gott fürchten, dass dein Bruder neben

---

[77] Vgl. ebd., S. 225.
[78] Ucum, Ufuk (1998).
[79] Creutz, Helmut: Das Geld-Syndrom. Wege zu einer krisenfreien Marktwirtschaft. Unveränderter Nachdruck der 5. Aufl., Aachen: Druck- und Verlagshaus Mainz Wissenschaftsverlag, 2003.
[80] Zitiert nach ebd., S. 111.

dir leben könne. Denn du sollst ihm dein Geld nicht auf Zinsen leihen, noch Speise geben gegen Aufschlag."[81]

Als christliche Quelle findet sich in Lukas 6:34-35 zudem das neutestamentliche Zinsverbot, welches bis zum Mittelalter strenge Anwendung fand. Bis ca. 1500 n. Chr. bestand auch ein eindeutiges politisches und religiöses Zinsverbot, was aber zunehmend unter Druck geriet, und es dauerte nicht lange, bis dieses Verbot öffentlich in Frage gestellt wurde. Im Laufe der Zeit wurde das ehemals strikte Verbot zunehmend aufgeweicht, und man beugte sich dem wirtschaftspolitischen Druck. Entsprechend wurden diese Änderungen nicht durch neue religiöse Erkenntnisse eingeleitet, sondern schlicht durch finanzielles Interesse. So sprachen sich zahlreiche christliche Würdenträger über die Jahrhunderte hinweg immer wieder vehement gegen den Zins aus, und noch im 18. Jahrhundert verdammte Papst Benedikt XIV. die Zinsnahme in einer Enzyklika.[82]

Christliche Stimmen zum Zins[83]

„Was ist für ein Unterschied, durch Einbruch in Besitz fremden Gutes zu kommen auf heimliche Weise und durch Mord als Wegelagerer, indem man sich selbst zum Herrn des Besitzes jenes Menschen macht, oder ob man durch Zwang, der in den Zinsen liegt, das in Besitz nimmt, was einem nicht gehört?" (Gregor von Nyssa, bedeutender Theologe, griechischer Bischof, ca. 334–394 n. Chr.)

„Wer Zins nimmt, wird mit dem Königsbann belegt, wer wiederholt Zins nimmt, wird aus der Kirche ausgestoßen und soll vom Grafen gefangengesetzt werden." *(Kaiser Lothar im Jahr 825 nach einem Gesetz von Karl dem Großen im Jahr 789)*

„Jede Gesetzgebung, die den Zins erlaubt, ist null und nichtig." (Papst Alexander III., 1159–1181)

---

[81] Zitiert aus Deutsche Bibelgesellschaft Stuttgart (Hrsg.). Die Bibel. Stuttgart: Biblia Druck, 1985.
[82] Vgl. Creutz, Helmut (2003), S. 113.
[83] Zitiert nach ebd., S. 112.

„Der Zins hat die ganze Gesellschaft vergiftet, die soziale Moral zerstört. An dieser Sünde muss unsere Gesellschaft zugrunde gehen. Der Zins ist der Angelpunkt der sozialen Frage." (Karl von Vogelsang, 1884)

„Wir zweifeln nicht daran, dass eine Zeit kommen wird, in der sich eine christliche Bewegung gegen den Zins erhebt." (Friedrich Naumann, Soziales Programm der evangelischen Kirche, 1890)

„Wer Zins nimmt, lebt auf Kosten der Arbeit anderer, ohne ihnen für diese Arbeit irgendeine Gegenleistung zu geben. Durch den Zins wird der Gleichwertgrundsatz in schwerster Weise verletzt. Christentum und Zins sind unvereinbar." (Johannes Ude, Dekan der kath.-theol. Fakultät Graz, 1874-1965)

Auch der deutsche Sozialreformer Silvio Gesell, der 1930 verstarb, widmete große Teile seines Lebens der Theorie einer gerechten und für alle Menschen förderlichen Ökonomie, die er in seinem Hauptwerk *Die natürliche Wirtschaftsordnung durch Freiland und Freigeld*[84] ausführlich beschreibt. Wie zahlreiche zeitgenössische Ökonomen und Bewegungen rückt er den Zins in den Mittelpunkt der Kritik.

Selbst die wichtigsten Kritiker des Zinses hier nur kurz anzuführen, würde bereits den Rahmen sprengen. Jedoch haben alle religiösen wie wirtschafttheoretischen Kritiker eines gemeinsam: Sie bezeichnen das vorherrschende, maßgeblich durch den Zins geprägte Wirtschaftssystem als ungerecht, unmenschlich, unnatürlich, polarisierend und alles andere als nachhaltig. Sie stellen alle eine steigende soziale Ungerechtigkeit zu Lasten einer breiten und verarmenden Masse sowie die andauernde Gefahr von Wirtschaftskrisen fest. Somit ist die islamische Forderung nach gerechtem Wirtschaften keine Ausnahme, sondern reiht sich ein und spiegelt den Wunsch und das Verlangen nach wirtschaftlicher und sozialer Gerechtigkeit wider.

So ist eine Zinskritik auch unabhängig von der religiösen Weltanschauung zu begründen. Denn betrachtet man die verschiedenen Perspektiven zum Zins,

---

[84] Gesell, Silvio: Die natürliche Wirtschaftsordnung. Durch Freiland und Freigeld. 9. Aufl., Lauf bei Nürnberg: Rudolf Zitzmann, 1949.

wird schnell klar, wer aus individueller, gesellschaftlicher oder systemischer Sicht vom Zins profitiert und wer den Preis dafür bezahlen muss:

Aus individueller Sicht kann der Zins von Vor- oder Nachteil sein, je nachdem, ob man ihn bezahlt oder bezieht. Allerdings zahlen auch diejenigen Zinsen, die keinen verzinsten Kredit in Anspruch nehmen. In jedem Produkt stecken Kapitalkosten, die der Endverbraucher trägt und die einen signifikanten Teil des Verkaufspreises darstellen können. Sämtliche wirtschaftlichen Akteure, die bei der Herstellung eines Gutes fremdes Kapital eingesetzt haben - was nahezu immer der Fall ist - müssen diese Kosten einbeziehen. Vergleichbar mit der Mehrwertsteuer trägt der Konsument am Ende die gesamte Last, was zu einer maßgeblichen Verteuerung aller Waren führt. Das heißt, dass fast alle Menschen um ein Vielfaches mehr an Zinsen zahlen als beziehen, was wieder auf eine Polarisierung des Kapitals hinausläuft. So fließen die Mittel demjenigen zu, der soviel davon hat, dass er es kostenpflichtig verleihen kann.

Aus gesellschaftlicher Sicht hat dies natürlich ebenfalls Auswirkungen, da die Summe der Individuen betroffen ist. Neben steigenden Preisen und Überschuldung erhöht sich der Renditezwang der Unternehmer. Dies bedeutet, dass der im Zusammenhang mit Massenentlassungen viel zitierte „Shareholder Value", also der Wert oder das Interesse des Anteilseigners an einem Unternehmen, sich stark durch den Zins definiert. Wirtschaftliche Investitionen werden nach folgender Regel auf Erfolg hin überprüft: Festverzinstes Kapital (z.B. 5%) werden einer Investition mit noch ungewissem Ausgang gegenübergestellt. Diese Ungewissheit, beispielsweise ob die geplante Produktion den gewünschten Absatz findet, wird mit einem Risikoaufschlag von z.B. 2% bewertet. Letztendlich wird noch die eigene Gewinnvorstellung in Höhe von z.B. 3% addiert, da bisher nur Risiko und sicherer Zins bewertet wurden. So ergeben sich die üblichen 8-12%, die der Aktionär von seiner Investition erwartet. Trifft diese Erwartung nicht auf Dauer ein, entzieht er sein Kapital. Das bedeutet, dass maßgeblich durch den Zins bedingt ein Leistungs- bzw. Renditezwang entsteht, der erheblichen Druck auf Unternehmen und Arbeitnehmer ausübt. Demgemäß kann die vom Kapitalgeber gefordert Leistung oft nur auf Kosten der Umwelt oder der Arbeitnehmer (niedrigere Löhne oder weniger Angestellte) erzielt werden.

Aus systemischer Sicht wiederum handelt es sich beim Zins, ähnlich wie bei der utopischen Vorstellung vom unbegrenzten und immer anhaltenden Wirtschaftswachstum, um eine Fiktion. Dies verdeutlicht folgendes einfaches, aber anschauliches Beispiel: Ein im Jahre Null mit 5% angelegter Pfennig hätte im Jahr 1990 bereits den Wert von 134 Milliarden Erdkugeln aus Gold gehabt.[85] Neben der unreal wirkenden Summe, die aber auf einfachster Mathematik beruht, erschreckt besonders das exponentielle Wachstum. Waren es in den ersten Jahrhunderten gerade mal ein Kilo Gold, wurden daraus um 1450 „nur" eine Erdkugel aus Gold, 1890 eine Milliarde und 1990 134 Milliarden Erdkugeln, Tendenz steigend.

Dies spricht für den Systemfehler und die Bedrohung. So lässt sich ganz einfach an der zeitgenössischen Verschuldung Deutschlands über die letzten Jahrzehnte beobachten, dass die Verschuldung überproportional zur wirtschaftlichen Leistung gestiegen ist, was nichts Gutes erahnen lässt. Die Auslandsverschuldung trifft die Dritte Welt noch viel härter als die Industrienationen. Die wenigen Milliarden des gesamten Entwicklungshilfebudgets entsprechen nicht annähernd den Zinsen, die die ärmsten Länder der Welt den reichen Kapitalgebern für ihre meist aus Not in Anspruch genommenen Kredite zu zahlen haben. Auch hier wird wieder deutlich, welche Kapitalwanderung durch Zinsen entsteht und wie durch Bedürftigkeit Abhängigkeiten verursacht werden, die die Not noch vergrößern.

Auf individueller wie auch internationaler Ebene lässt sich also gut beobachten, welchen Problemen und Abhängigkeiten Schuldner unterliegen und wie der Zins deren Situation dabei dramatisch verschlechtert. Wie sich die Gegenpole Zins und *Zakat* zueinander verhalten, wird im nächsten Kapitel geschildert.

9. Zins versus Zakat

Sarwar beschreibt den Zins wie folgt:

„Interest is the basis of modern capitalism. It is completely opposite to Zakah. Zakah channels wealth from the rich to the poor while in-

---

[85] Vgl. Creutz, Helmut (2003), S. 145.

terest takes away wealth from the poor and takes it over to the rich."[86]

„Der Zins ist die Basis des modernen Kapitalismus. Es ist das genaue Gegenteil zur Zakat. Die Zakat leitet die Mittel von den Reichen zu den Armen, wohingegen der Zins das Vermögen der Armen zu den Reichen überträgt."

Die im ersten Kapitel unter Punkt 2 bereits erwähnte rituell vorgeschriebene Sozialabgabe Zakat stellt also eine grundlegende Einnahmequelle zur Umverteilung von Reichtum in einem islamischen Staat dar. Im Koran ist genau aufgeführt, wer von dieser Zuwendung profitieren darf:

Sure 9, Vers 60: Die Spenden sind ja für die Bedürftigen und die Armen und die dafür Tätigen und die, deren Herzen zusammengefügt werden, und für die Unfreien und die Verschuldeten und auf dem Weg Allahs und den ‚Sohn des Weges', eine Pflicht von Allah, und Allah ist wissend, weise.

Jeder Muslim, dessen Eigentum über ein Kalenderjahr hinweg eine gewisse Mindestgrundlage überschreitet, muss einmal pro Jahr die Zakat in Höhe von 2,5 Prozent auf sein nicht lebensnotwendiges Vermögen (Barvermögen, Wertpapiere, Unternehmensbesitz, Edelmetalle usw.) entrichten.

Die Mindestgrundlage (arabisch Nisab) beträgt knapp 85 Gramm Gold, was je nach aktuellem Goldwert in etwa dem Wert von 850 Euro entspricht.[87] Die Zakat mag zwar im Besitz eines jeden über dem Mindestmaß Lebenden sein, Eigentümer sind aber die im obigen Koranzitat genannten Bedürftigen wie Arme, Verschuldete, Unfreie (z.B. Sklaven), Reisende etc.. Diesen ihr Recht auf einen Teil am Vermögen zu verwehren, kommt Diebstahl gleich. Wenn kein Organ oder islamischer Staat vorhanden ist, der die Zakat einzieht, wird diese freiwillig abgegeben, zum Beispiel als Spende an eine Hilfsorganisation. Sie ist also eine Abgabe auf das Vermögen, die mitunter die allzu starke Kumulation

---

[86] Sarwar, Ghulam (1992), S. 175.
[87] Vgl. Ibn Rassoul, Abu-r-Rida´ Muhammad Ibn Ahmad (2001), S. 32.

von Reichtum zu verhindern sucht.[88] Daran wird auch die Gegensätzlichkeit zum Zins deutlich, der die Konzentration von Vermögen fördert, indem er einen Mittelabfluss von einem auf fremdes Kapital Angewiesenen zu jemandem bewirkt, der genug Mittel hat, um es kostenpflichtig zu verleihen.

In der extremen Konzentration von Reichtum oder wirtschaftlicher Macht sieht der Islam ein Problem sozialer Ungerechtigkeit. Um diesen Effekt zu lindern, schreibt auch das Erbrecht im Islam, welches in vielen arabischen Ländern Gesetzesgrundlage ist, weitaus mehr Pflichtempfänger des Erbes vor als dies beispielsweise nach deutschem Recht der Fall ist. Auch hier soll eine „ungesunde" Konzentration von Reichtum und Macht verhindert werden. Eine genaue Auflistung der Verteilung des Erbes findet sich im Koran u.a. in Sure 4, Verse 7f, 11f, 19 und 176.

Die Zakat als Umverteilungsinstrument ist eine solche regulierende Größe, wie sie von vielen Wirtschaftssystemkritikern gefordert wird. Nahezu alle Kritiker betonen, dass das Geld eine Art Verfallswert beinhalten muss, um im Umlauf zu bleiben und so den Wirtschaftskreislauf zum Wohle aller Menschen am Leben erhalten zu können. In jedem System würde eine Hortung von Mitteln ein essentielles Problem darstellen. Die *Zakat* wäre jedoch genau ein solcher Verfallswert und entspricht damit den modernen Vorschlägen zur Lösung des genannten Problems, da sich das Zahlen dieser Sozialabgabe wie ein 2,5%iger Wertverlust auf zurückgehaltenes Vermögen auswirkt. Die volkswirtschaftlichen Aspekte werden in Kapitel IV noch ausführlich diskutiert.

In Kapitel III soll jedoch zunächst ein mögliches Wirtschaften ohne Zins auf betriebswirtschaftlicher Ebene dargelegt werden.

---

[88] Vgl. Ghaussy, A. Ghanie: Das Wirtschaftsdenken im Islam. Von der orthodoxen Lehre bis zu den heutigen Ordnungsvorstellungen. Bern, Stuttgart: Haupt, 1986, S. 53f.

III. Handel, Kredit und Finanzierungsformen nach der *Scharia*

Nachdem Hintergründe, Quellen und Besonderheiten des islamischen Wirtschaftssystems angesprochen wurden, folgt nun eine praxisbezogene und kritische Überprüfung des vorgestellten Systems anhand ausgewählter Wirtschaftsvorgänge. Es ist zu diskutieren, ob die Vorstellung des islamischen Wirtschaftssystems, insbesondere die Zinslosigkeit, in der heutigen Welt sehr komplexer wirtschaftlicher Vorgänge technisch überhaupt durchführbar wäre. Die normativen Voraussetzungen, wie eine gewisse Bereitschaft der dem System Innewohnenden, wurden bereits erläutert.

Die Ausführungen in diesem Kapitel erheben keinen Anspruch auf Vollständigkeit. Es werden jedoch alle zentralen Finanzierungsvorgänge unter Verwendung der in der Literatur gängigen Bezeichnungen auf betriebswirtschaftlicher Ebene behandelt. Zur Verdeutlichung werden den islamischen Finanzierungsformen Begriffe deutscher Rechts- und Vertragsformen beigestellt. Diese müssen nicht detailgetreu übereinstimmen, sondern dienen als grobe Orientierungshilfe.

1. Grundpfeiler des Veräußerungsgeschäfts *(Bay´)*

Bei dem Veräußerungsgeschäft, in seiner einfachsten Form ein Kaufvertrag, und seinen Voraussetzungen geht es nicht mehr um den moralischen Hintergrund alleine, sondern vielmehr um eine korrekte Vertragsform, die Vertragsparteien selbst sowie Eigentums- und Besitzfragen. Diese Form des Geschäfts und seine Vertragsform sind exemplarisch für eine Vielzahl von wirtschaftlichen Transaktionen, nicht nur im Bereich des Handels, und können als allgemeine Vertragsbedingungen verstanden werden. So gelten die Prinzipien der Vertragsform und Voraussetzungen bezüglich der Vertragsparteien auch für zum Beispiel Investitionsgeschäfte.[89] Das heißt, dass die nun folgenden Voraussetzungen für einen Kaufvertrag auch für alle Geschäftsformen, die noch in den

---

[89] Vgl. Vogel, Frank E. / Hayes, Samuel L., III: Islamic Law and Finance. Religion, Risk, and Return. Den Haag, London, Boston: Kluwer Law International, 1998, S. 97.

nächsten Kapiteln angesprochen werden (*Muscharaka*, *Mudaraba* etc.), gelten. Dieser Abschnitt ist also als rechtliche Basis für die folgenden Geschäftsmodelle zu verstehen, daher wird ausführlich auf die Kategorisierung und Auflagen nach der *Scharia* eingegangen.

Sprachlich bezeichnet *Bayʿ* den „Tausch einer Sache gegen eine andere". Damit kann sowohl der Erwerb als auch der Verkauf gemeint sein. Im Koran kommen beide Bedeutungen zur Anwendung. Im Gegensatz zum Zins ist dieser Handel erlaubt (*halal*):

> Doch Allah erklärt den *Bayʿ* für *halal* und *Riba* für *haram*. (Sure 2, Vers 275).

Gemäß der *Scharia* ist *Bayʿ* ein Vertrag, in dem unter Berücksichtigung der *Scharia*-Normen ein Vermögenswert aus dem eigenen Besitz für eine Gegenleistung veräußert wird. Hierzu kann auch die Übertragung eines Nutzungsrechts an einem Vermögenswert (zum Beispiel die Bebauung eines Grundstücks) gegen eine Vergütung auf unbeschränkte Zeit gezählt werden.[90]

Die einzelnen Komponenten dieser Definition können folgendermaßen aufgeschlüsselt werden:

- „unter Berücksichtigung der *Scharia*-Normen": Jede Art von Zinsgeschäft wird ausgeschlossen.
- „für eine Gegenleistung": Das Darlehen (*Qard*, siehe folgende Kapitel) wird ausgeschlossen, da der Kreditgeber dabei vom Kreditnehmer keine Gegenleistung erhält, wenn der Zins verboten ist
- „das Nutzungsrecht": Es wird der rechtliche Rahmen für beispielsweise die Bebauung von Grundstücken geschaffen.
- „gegen eine Vergütung": Der Mietvertrag wird als *Bayʿ* ausgeschlossen, da der Vermieter hierfür keinen Preis, sondern eine Miete erhält.

---

[90] Vgl. Lohlker, Rüdiger: Das islamische Recht im Wandel. Riba, Zins und Wucher in Vergangenheit und Gegenwart. Münster u.a.: Waxmann, 1999, S. 53.

Das Veräußerungsgeschäft kann durch drei Hauptelemente kategorisiert werden: durch die Vertragsparteien, den Kaufpreis und das Kauf- bzw. Handelsobjekt.[91] Das heißt, dass diese drei Variablen die Wirtschaftsbeziehung maßgeblich definieren. Es kann sich also um den bloßen Verkauf einer Ware, eine verspätete Zahlung, eine Auftragsarbeit oder auch eine Form der Beteiligung handeln. Folgende Übersicht stellt die Hauptelemente des Veräußerungsgeschäfts dar:

Hauptelemente des Veräußerungsgeschäfts

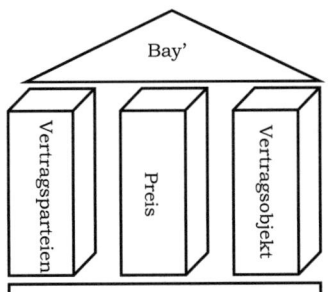

1.1. Die Vertragsparteien

Hiermit sind Käufer und Verkäufer selbst gemeint. Sie haben folgende Voraussetzungen zu erfüllen, um einen gültigen Vertrag abschließen zu können:[92]

1. Beide Parteien müssen *raschid* sein, d.h. mündig, geistig gesund und uneingeschränkt geschäftsfähig. Dafür müssen sie über ihr Einkommen frei

---

[91] Vgl. ebd., S. 53.
[92] Vgl. ebd., S. 50f.

verfügen dürfen. So werden z.B. Kinder, Geistesgestörte und Entmündigte ausgeschlossen.

2. Der *Bay´* muss von beiden Parteien im gegenseitigen Einvernehmen und aus vollkommen freier Entscheidung heraus ohne äußere Nötigung erfolgen:

> (…) verbraucht nicht eure Vermögensgüter zwischen euch auf nichtige Wiese, außer dass es Handel ist, nach gegenseitiger Verständigung unter euch (…) (Sure 4, Vers 29).

Ausnahme: Eine Person steht in finanzieller Schuld einer anderen Person und besitzt Waren, deren Gegenwert dem der ausstehenden Schulden entspricht. Sie weigert sich jedoch, die Waren zu veräußern, um die Schulden nicht zurückzahlen zu müssen. In einem solchen Fall kann der Richter (arabisch *Qadi*) die verschuldete Person zum Verkauf der Waren zwingen, um die Schulden zu begleichen.

3. Der Vertragsabschluss muss durch mindestens zwei Parteien erfolgen. Käufer und Verkäufer dürfen nicht ein und dieselbe Person sein, denn naturgemäß vertreten beide Vertragspartner gegenläufige Interessen. Der Verkäufer bietet im Idealfall seine Ware zum höchstmöglichen Preis an, der Käufer hingegen versucht, die angebotene Ware möglichst günstig und in höchster Qualität zu erwerben. Durch diese Bedingung wird zum Beispiel der Missbrauch eines Verwalters, der im Namen eines anderen verkauft, den Gegenstand aber gleichzeitig zu günstig (nicht zu realen Marktpreisen) für sich selbst erwirbt, unterbunden. Hier würde der Verwalter für den Eigentümer als Verkäufer und für sich zugleich als Käufer auftreten.

4. Die Parteien müssen über ihr Augenlicht verfügen, um Täuschung auszuschließen. Sollte einer von ihnen blind sein, wird ein Vertreter herangezogen.

1.2. Der Preis des Vertragsgegenstandes

Beim Kaufpreis ist zu unterscheiden, ob es sich z.B. um einen Verkauf mit Gewinn, zum Selbstkostenpreis oder einen Verkauf unter dem tatsächlichen

Wert der Ware handelt. Für diese Betrachtung hier sind aber zwei andere Aspekte von besonderer Bedeutung: Zum einen ist es unbedingt erforderlich, den Kaufpreis genau zu spezifizieren, zum anderen ist im Normalfall der Kaufpreis direkt zu entrichten. Falls es zum Beispiel zu einer späteren oder zu Teilzahlungen kommt, verändert sich der Vertragstypus vom klassischen *Bay´* in eine andere Variante. Diese anderen Formen werden später noch vorgestellt.

1.3. Das Vertragsobjekt

Was das Kauf- oder Vertragsobjekt betrifft, sind folgende vier Konstellationen denkbar:[93]

1. Tausch einer Ware gegen eine ähnliche (*Mufawada*)
2. Tausch einer Ware gegen ein Zahlungsmittel (auch Gold oder Silber)
3. Tausch eines Zahlungsmittels gegen ein anderes (z.B. Silber gegen Gold). Ein derartiger Vertrag wird *Sarf* (Geldwechsel) genannt (siehe Kapitel III, Abschnitt 2).
4. Tausch einer Schuld oder eines Forderungsrechts gegen ein Zahlungsmittel

Für das Vertragsobjekt selbst gelten folgende Voraussetzungen:[94]

1. Das Objekt muss zur Zeit des Verkaufs existieren, das heißt, ein ungeborenes Tier oder eine noch nicht gewachsene Frucht können nicht verkauft werden. Ansonsten würde eine der Parteien ein nicht kalkulierbares Risiko tragen.
2. Als Belegstelle wird eine Überlieferung von Hakim Ibn Hizam (r) angeführt, der diesbezüglich den Propheten (s) fragte:

    „Gesandter Allahs! Gelegentlich kommt ein Kunde und

---

[93] Vgl. ebd., S. 54.
[94] Vgl. ebd., S. 48.

möchte etwas von mir kaufen, das ich nicht (vorrätig) habe. Darf ich es für ihn vom Markt kaufen?" Der Prophet (s) antwortete: „Veräußere nichts, worüber du nicht verfügst!"[95]

3. Es muss sich um einen tatsächlichen Vermögenswert im Sinne der *Scharia* handeln. Das heißt, der Verkauf von verbotenen Waren wie Wein oder Schweinefleisch ist für einen Muslim unzulässig. Für einen Christen würde dies auch in einem islamischen System ein Vermögenswert darstellen.

4. Das verkaufte Objekt muss einen gewissen Nutzen im Sinne der *Scharia* und der örtlichen Sitte (*'Urf*) repräsentieren. Insekten oder schädliche Tierarten, die keinen unmittelbaren Nutzen haben, könnten also als unzulässige Verkaufsware gelten.

5. Die Ware muss im Besitz des Käufers sein. Der Verkäufer darf seinen gestohlenen Wagen oder entflogenen Vogel nicht verkaufen, da er den Vertrag bei dessen Abschluss nicht erfüllen kann.

6. Die Ware muss Eigentum des Verkäufers sein, oder er besitzt die rechtliche Verfügungsgewalt darüber, wie z.B. ein Richter, der einen Gegenstand zwangsveräußert. Eigentum kann dabei prinzipiell auf dreierlei Wege erworben werden:[96]

- Durch eine Rechtsnachfolge (z.B. Erbschaft)
- Durch Inbesitznahme eines herrenlosen Objekts
- Durch Übertragung des Eigentums, beispielsweise mittels einer Schenkung (*Hiba*) oder eines Veräußerungsgeschäfts (*Bay'*)

7. Der Verkaufswert der Ware muss beiden Parteien bei Vertragsschluss bekannt und spezifiziert worden sein.

---

[95] Abu Dawud.
[96] Vgl. Lohlker, Rüdiger (1999), S. 50.

Was das Zugegensein des Vertragsobjekts betrifft, sind folgende drei Konstellationen möglich:

1. Die Veräußerung einer Sache, die während der Vertragssitzung zugegen ist.
2. Die Veräußerung einer Sache, die während der Vertragssitzung zwar nicht zugegen ist, aber vom Verkäufer während der Vertragssitzung beschrieben und schließlich dem Käufer entsprechend dieser Beschreibungen übergeben wird.
3. Die Veräußerung einer Sache, die nicht zugegen und für keine der beiden Parteien „greifbar" ist, über die also keine Verfügungsgewalt der Beteiligten besteht. Diese Form ist unzulässig und gilt als verboten (*haram*).

1.4. Der Vertragsschluss

Der Vorgang des Vertragsabschlusses selbst, ob schriftlich oder mündlich, hat drei unerlässliche Bestandteile (*Arkan*):[97] die Vertragsparteien und das Vertragsobjekt, die oben bereits vorgestellt wurden, und die Vertragsübereinkunft.

Damit die Voraussetzungen für eine Vertragsübereinkunft erfüllt sind, müssen alle nachfolgenden Punkte berücksichtigt werden:[98]

1. Die Willenserklärung der Parteien muss so formuliert werden, dass daraus ein ausdrückliches Einverständnis beider Vertragsparteien zu erkennen ist. Dann gilt der Vertrag als geschlossen und bindend.
2. Die Annahme des Angebotes und der damit ausgetauschten Waren muss innerhalb der Vertragssitzung erfolgen. Geschieht sie später oder besteht zwischen dem Angebot und der Annahme des Käufers eine breite Zeitspanne, gilt der Vertrag als nichtig. Dabei orientiert sich die Zeitspanne nach der üblichen Handhabe (*'Urf*) in der jeweiligen Region. Bei

---

[97] Vgl. ebd., S. 53.
[98] Vgl. ebd., S. 51ff.

einem Kauf, bei dem keine direkte Übergabe an einem Ort erfolgt, weil zum Beispiel über eine Online-Plattform Werte oder Güter in Depots eingebucht werden, kann dieser räumlich losgelöste Vorgang des Eigentumserwerbs und des Erwerbs der Verfügungsgewalt den sonst nötigen physischen Austausch ersetzen.

3. Die Annahme des Käufers muss mit dem Angebot des Verkäufers im Einklang sein. So muss sich z.B. das Verständnis von Verkaufspreis und Kaufpreis beider Parteien decken.

4. Der Inhalt des Vertrags darf bezüglich des Verkaufsobjektes weder zeitlich noch konditional eingeschränkt sein, da heißt, es darf keinerlei Unsicherheit bezüglich des völligen Einverständnisses bestehen, was Voraussetzung für den gültigen Vertrag ist. So darf der Kaufvertrag nicht an weitere Bedingungen geknüpft sein, sondern muss selbstständig gültig sein. Entsprechend können zum Beispiel Serviceverträge, die mit dem Kaufgegenstand oder einer Dienstleistung zu tun haben, durchaus Vertragsbestandteil sein. Aber eine Vereinbarung wie die Abnahme von Maschinen verknüpft mit Lieferverpflichtungen in der Zukunft ist ungültig. Hier muss ein separater Vertrag geschlossen werden.[99]

5. Die Zahlungsmodalität darf hingegen gewissen Bedingungen unterliegen. So können sich beide darauf einigen, dass der Preis zu einem späteren Zeitpunkt entrichtet wird. Es muss aber absolute Klarheit diesbezüglich bestehen.

Bei Missachtung obiger Auflagen ist der Vertrag ungültig.

Wenn ein Vertrag nach den genannten Regeln nicht oder noch nicht zustande gekommen ist, heißt das trotzdem, dass gemachte Versprechen und getroffene Vereinbarungen zumindest teilweise gültig sein können. Diese sind durchaus von Bedeutung und entsprechen Verpflichtungen, für deren Bruch man gegebenenfalls zu Schadensersatz verpflichtet werden kann. Ein vollständig rechtskräftiger Vertrag kann allerdings erst unter oben angeführten Bedingun-

---

[99] Vgl. Usmani, Muhammad Taqi: An Introduction to Islamic Finance. Karachi: Idaratul Ma´arif, 2000, S. 101.

gen zustande kommen.[100] Die Auflagen dienen dazu, jede Form von Ungewissheit und Konfliktpotenzial zu eliminieren, um späteren Auseinandersetzungen vorzubeugen.

1.5. Die Verbindlichkeit des *Bay´*

Ein Veräußerungsgeschäft ist grundsätzlich bindend, wenn die oben genannten notwendigen Bedingungen erfüllt sind. Dies hat zur Folge, dass z.b. das Eigentum der Ware in den Besitz des Käufers übergeht. Im Gegenzug wird der festgelegte Preis dem Verkäufer ausgehändigt.

Ein derartiger Vertragsschluss kann durch Vorliegen gewisser Umstände annulliert und somit für beide Vertragsparteien nicht mehr verpflichtend sein. Insbesondere unterscheidet die *Scharia* zwischen drei Optionen, bei denen eine der beiden Vertragsparteien vom Recht Gebrauch machen kann, den Vertrag ohne juristische Konsequenzen aufzulösen.

Option 1: Die Auflösung des Vertrags noch während der Vertragssitzung

Beide Vertragsparteien können auch nach Abschluss eines rechtsgültigen Vertrags diesen noch auflösen, solange sie sich von der Vertragssitzung nicht räumlich getrennt haben.

> Hakim Ibn Hizam (r) berichtet, dass der Gesandte Allahs (s) sagte: „Der Käufer und der Verkäufer haben die Wahl, von ihrem Geschäft zurückzutreten, solange sie noch nicht auseinander gegangen sind." Oder er sagte: „...bis sie auseinander gegangen sind."[101]

Option 2: Das Garantierecht

Bei Vertragsschluss oder spätestens vor der räumlichen Trennung von der Vertragssitzung können die Parteien Bedingungen für ein Rückgaberecht innerhalb einer definierten Zeitspanne, die drei Tage nicht überschreiten sollte, aufstellen. Neben der Rückgabe aufgrund von Mängeln, die bereits vor Vertragsabschluss bestanden haben müssen, können Garantieleistungen, wie zum

---

[100] Vgl. ebd., S. 96.
[101] Al-Buchari, Muslim.

Beispiel bei einem Auto, frei vereinbart werden. Hier gibt es jedoch nicht die Option der Rückgabe, sondern die Garantie bezieht sich auf die Behebung eines Mangels, der nach Vertragsschluss zustande kam und durch die gemeinsame Garantievereinbarung gedeckt ist.

> Muhammad Ibn Yahya Ibn Hibban berichtet über seinen Großvater Munqidh Ibn ´Amr (r), dass er immer wieder beim Kauf benachteiligt wurde. Da ging er zum Propheten (s) und erzählte ihm davon, und dieser empfahl ihm: „Wenn du ein Geschäft abwickelst, dann sage: „Es gibt keine Täuschung." Dann räume dir bei jeder Ware, die du kaufst, ein dreitägiges Wahlrecht ein. Solltest du damit zufrieden sein, dann behältst du es, und solltest du damit unzufrieden sein, dann gibst du es dem Verkäufer zurück."[102]

Option 3: Die Auflösung des Vertrags bei Vorliegen eines Warenschadens

Grundsätzlich geht der Käufer von der Integrität der Ware aus, solange der Verkäufer keinen Mangel der Verkaufsware anzeigt. Er bezahlt den geforderten Preis und erwartet als Gegenleistung die Lieferung einwandfreier Ware. Wird der Warenschaden dem Käufer bewusst vorenthalten, so gilt der Verkäufer als Betrüger.

> Einmal begab sich der Prophet (s) auf den Markt. An einem Verkaufsstand tauchte er seine Hand in einen der Warenkörbe ein. Dabei fühlte er an den Fingern Feuchtigkeit am Nahrungsmittel. Verwundert fragte er den Verkäufer, weshalb die Ware feucht sei. Er antwortete, die Feuchtigkeit komme vom Regenwasser. Der Prophet wies ihn an, feuchte Waren für den Käufer offen zu legen, damit er diese erkennen könne. Denn wer betrügt, gehört nicht zu uns.[103]

Entdeckt der Käufer nach einem rechtsgültig abgeschlossenen und für beide Parteien bindend gewordenen Kaufvertrag einen Warenschaden, der ihm vor Vertragsschluss nicht bekannt war, ist der Vertrag als solcher zwar formal korrekt. Der Käufer kann aber wählen zwischen der Option, die Ware zu behalten,

---

[102] Ibn Madscha, Al-Baihaqi.
[103] Muslim.

oder der Möglichkeit, sie zurückzugeben und dann den entrichteten Verkaufspreis erstattet zu bekommen.

1.6. Aufhebung eines Vertrages *(Iqala)*

Sprachlich bedeutet *Iqala* die Aufhebung von etwas. Gemäß der *Scharia* bezeichnet der Ausdruck die Aufhebung oder Rückgängigmachung einer vertraglichen Vereinbarung in gegenseitiger freiwillig vereinbarter Zustimmung ohne weitere rechtliche Konsequenzen.

Iqala trifft nur auf bindende Verträge zu. Vereinbarungen mit Rücktrittsoption bezeichnet man im Falle der Vertragsauflösung nicht als *Iqala*. Die rechtliche Grundlage für *Iqala* ist ein *Hadith*, demgemäß der Prophet (s) sagte:

> „Wer für einen Muslim einen Vertrag rückgängig macht, dem wird Allah seine Verfehlungen am Jüngsten Tage rückgängig machen."[104]

Damit ein Vertrag ohne rechtliche Konsequenzen aufgehoben werden kann, müssen folgende Voraussetzungen erfüllt sein:

- Die gegenseitige ausdrückliche Einverständniserklärung
- Die Rückerstattung des Vertragsobjekts darf mit keinerlei Zuwachs oder Abzug erfolgen.

Da hier eine reine Vertragsauflösung vorliegt, darf nach schafi'itischer Lehrmeinung keine der Vertragsparteien die Rückgängigmachung von einer Entschädigung abhängig machen. Nach der malikitischen Schule gilt die *Iqala* dagegen als ein neuer Kaufvertrag, deshalb sei hier zulässig, dass der Verkäufer oder der Käufer im Vergleich zum ursprünglichen Vertrag Zugeständnisse macht.

---

[104] Abu Dawud, Ibn Madscha.

1.7. Verbotene Austauschgeschäfte im Detail

Neben den bereits aufgeführten Warengruppen, die nach der *Scharia* nicht gehandelt werden dürfen (siehe Kapitel II, Abschnitt 1), gibt es eine Reihe weiterer besonderer Vertragskonstellationen oder Handelsobjekte, die nach der *Scharia* nicht zulässig sind, da entweder ein wesentlicher Bestandteil des Kaufvertrages oder gewisse Mindestvoraussetzungen nicht erfüllt sind. Teilweise handelt es sich um Ausführungen von Prinzipien, die im Rahmen des *Bay´* schon angesprochen wurden. Da aber diese Geschäfte zur Zeit der Offenbarung gebräuchlich waren, finden sich dazu Originalquellen, und es wurde explizit zu diesen Formen Stellung bezogen. Auch wenn die folgenden Beispiele spezieller Natur sind, sind die Rechtsprinzipien zu übertragen und können so auch in anderen Vertragszusammenhängen hilfreich sein. Mitunter dienen die aufgeführten Fälle als Grundlage für die Ableitung von *Scharia*-Geboten.

1.7.1. Verbot des Verkaufs von Waren vor dem endgültig angestrebten Zustand

Hierzu gehören zum Beispiel Früchte vor der erkennbaren Reife, die Milch im Euter eines Tieres, bevor sie gemolken wird, und die Wolle auf dem Rücken eines Tieres, bevor es geschoren wird.

Solche Geschäfte zählen zu den Risikogeschäften (*Bay´u-l-Gharar*), weil das Verkaufsobjekt - in diesem Falle die Früchte, Milch oder Tierwolle - nicht genau bestimmt sind. Für den Käufer stellt dies ein nicht kalkulierbares Risiko dar, weil er schon vorher den Kaufpreis entrichtet hat, sich aber nicht sicher sein kann, in welchem Qualitätszustand er die Ware vorfinden wird. Die Ernte kann beispielsweise durch Schädlinge vernichtet werden, oder der Euter gibt unerwartet weniger Milch als der Augenschein dies vermuten ließe. Der Verkäufer würde somit einen unrechtmäßigen Gewinn ohne entsprechende Gegenleistung erzielen, und der Käufer hätte einen entsprechenden Nachteil. Diese Art von Verkaufsform gilt für alle Beteiligten als unzulässig und ist somit im Islam verboten.

Der Prophet (s) verurteilte diese Art von Verkäufen in folgender Überlieferung:

Nach Ibn Umar (r) hat der Gesandte Gottes (s) den Verkauf von Früchten bis zu dem Zeitpunkt, an dem ihre Reife erkennbar wird, verboten. Er hat [es] dem Verkäufer wie dem Käufer verboten.[105]

Nach dem Zeitpunkt der Reife gilt der Verkauf von Früchten als zulässig. Als Richtschnur für die Reife orientiert man sich an der Farbe der jeweiligen Frucht. Der Zeitpunkt der Reife hängt jedoch auch von den lokalen Verhältnissen der Region ab.

Anas Ibn Malik berichtet, dass der Gesandte Allahs (s) den Verkauf von Früchten verboten hat, bis sie reif werden. Dann wurde er gefragt: „Wann werden sie reif?" Er sagte: „Bis sie rot werden." Dann sagte der Gesandte Allahs (s): „Was meint ihr: Wenn Allah die Frucht daran hindert [zu reifen], mit welchem Recht eignet dann der eine von euch sich das Vermögen seines Bruders an?"[106]

Der Verkauf von Früchten vor dem Zeitpunkt der Reife ist allerdings durchaus zulässig, wenn sie vorher gepflückt werden. Unter diesem Aspekt entfällt das nicht kalkulierbare Risiko der Ware, da sie für den Kunden zum Verkaufszeitpunkt präsent und deren Qualität zu beurteilen ist.

1.7.2. Verbot des zufälligen Erwerbs einer Ware

Eine weitere frühere Verkaufsform, die eine Form der Unsicherheit birgt, ist die *Hasa* (wörtlich *Stein*) Darunter wird die Vereinbarung zweier Parteien verstanden, von denen eine ein Steinchen wirft und die Ware erwirbt, die dabei „zufällig" getroffen wird. All diese Verkaufsformen sind unzulässig, weil hier entweder ein glücksspielartiges Geschäft (arabisch *Gharar*) vorliegt, was aufgrund des Glücksspielcharakters als verboten einzustufen ist, oder das Einverständnis einer der beiden Vertragsparteien anzuzweifeln ist.

Der Gesandte Allahs (s) verbot *Al-Munabadha*, das heißt, dass der Verkäufer dem Käufer sein für den Verkauf bestimmtes Kleidungs-

---

[105] Al-Buchari, Muslim.
[106] Al-Buchari.

stück zuwirft, (und dann kommt das Geschäft zustande), ohne dass der Käufer das Kleid prüft oder es sich genau anschaut. Und er verbot auch *Al-Mulamasa*, das heißt, dass der Käufer das Kleidungsstück durch Berührung kauft, ohne es vorher zu prüfen.[107]

1.7.3. Verbot des Weiterverkaufs eines Kaufobjektes vor dessen Besitzergreifung

Hierunter fällt der Wiederverkauf von Waren, die beispielsweise in hoher Stückzahl von einem Zwischenhändler bestellt wurden, aber bei diesem noch nicht eingetroffen sind. Diese Verkaufsform ist unzulässig, weil der Zwischenhändler die Ware noch nicht tatsächlich besitzt bzw. noch keine tatsächliche Verfügungsgewalt über sie hat. Eigentum *und* Verfügungsgewalt sind Voraussetzung für einen gültigen Kaufvertrag.

Ibn Abbas (r) berichtet, dass der Gesandte Allahs (s) sagte: „Wer Lebensmittel kauft, soll sie nicht weiterverkaufen, bis er darüber volle Verfügung hat." Ibn Abbas (r) sagte dazu: „Ich denke, dass diese (Regelung) auch für alle anderen (Handelswaren) gilt."[108]

1.7.4. Verbot des Verkaufs eines Schuldverhältnisses gegen ein anderes Schuldverhältnis

Ibn Umar (r) berichtet, dass der Prophet (s) den Verkauf eines Schuldverhältnisses mittels eines anderen Schuldverhältnisses verbot.[109]

Die untersagte Form des Handels von Schuldverhältnissen (*Bay´u-d-Dain bi-d-Dain*) könnte folgendermaßen aussehen: Person A steht im Schuldverhältnis zu Person B. Person C steht wiederum im Schuldverhältnis zu Person A. Person A überträgt nun ihr Schuldverhältnis auf Person C, so dass letzte nicht mehr zu

---

[107] Al-Buchari, Muslim.
[108] Al-Buchari, Muslim.
[109] Ad-Daraqutni.

Person A, sondern zu Person B im Schuldverhältnis steht. Person A ist somit vom Schuldverhältnis gegenüber Person B befreit. Diese Form ist verboten (*haram*), weil Person A eine wichtige Voraussetzung zur Erfüllung eines gültigen Kaufvertrages vernachlässigt, nämlich die physische Aushändigung des Kaufpreises, in diesem speziellen Fall die Schuld.

1.7.5. Verbot von mehreren Kaufverträgen oder Kettenverträgen, die sich in einem Vertrag verbergen

> Der Gesandte Allahs (s) verbot, dass zwei Geschäfte in einem Geschäft getätigt werden.[110]

Hierunter fallen zwei Verkaufsformen:

1.) Ein Kaufvertrag, der aus mehr als einem besteht, da darin z.B. verschiedenste Zahlungsmodalitäten wie Bar-, Termin- oder Ratenzahlung in unterschiedlicher Höhe angegeben sind. Hat der Käufer die Wahl, so gilt der Verkaufspreis als nicht spezifiziert, und der Vertrag ist ungültig. Hierzu würde auch ein Ratenzahlungsvertrag zählen, der zwar an sich zulässig ist, allerdings nicht, wenn er verschiedene Zahlungsoptionen bietet, ohne dass der finale Kaufpreis genau spezifiziert ist.

2.) Im zweiten Falle veräußert der Verkäufer A beispielsweise seinen Wagen an B, der dafür C sein Boot gibt. C gibt dafür A seine Eigentumswohnung. Hier ist der Vertrag unzulässig, da er eine weitere Bedingung beinhaltet, also zwei Kaufverträge in einem darstellt.

Beide Verkaufsformen sind *haram* (verboten): Im ersten Vertrag ist die Preisfestsetzung dadurch, dass sich mehrere Vertragsoptionen in einem Vertrag befinden, unbestimmt, im zweiten Fall wird ein Kaufvertrag an weitere Bedingungen geknüpft, was ebenfalls unzulässig ist. Es können zwar im Vorhinein eine Folge von Verträgen vereinbart werden, diese dürfen aber nicht in Abhängigkeit zueinander stehen und erst mit ihrem eigentlichen Beginn in Kraft tre-

---

[110] At-Tirmidhi, An-Nasai.

ten, selbst wenn vorzeitig vereinbart. Dies ist zum Beispiel bei einem Kaufvertrag der Fall, der auf einen Leasingvertrag folgt, ohne zwingend folgen zu müssen. Dass der Kaufvertrag dann erst zum eigentlichen Beginn dieses Geschäfts in Kraft tritt, kann dementsprechend große Auswirkungen auf Haftungsfragen und die Übernahme von Risiko haben.

1.7.6. Verbot des Verkaufs gegen eine Anzahlung

Der Gesandte Allahs (s) verbot *Bay´u-l-Urbun*.[111]

Der Verkauf gegen eine Anzahlung (arabisch *Bay´u-l-Urbun*) meint eine Verkaufsform, bei der der Verkäufer während der laufenden Vertragssitzung eine Ware gegen eine Anzahlung veräußert. Kommt es bezüglich der Ware dann doch zu keinem Vertragsabschluss, verbleibt das Anzahlungsgeld in jedem Fall als Zuwendung beim Verkäufer. Bei einem erfolgreichen Vertragsschluss wird vom vereinbarten Preis der schon entrichtete Teilbetrag abgezogen. Bei Nichtabschluss wäre der vermeintliche Käufer allerdings schlechter gestellt, bzw. es lag nie ein klares Angebot und dessen Annahme inklusive eines finalen Kaufpreises vor.

1.8. Unzulässige Transaktionen trotz formal korrekter Verträge

Folgende Verträge werden durch die *Scharia* annulliert, da betrügerische Komponenten zu Konflikten zwischen Händler und Käufer führen könnten. Sie dienen als Beispiele, in denen Unaufrichtigkeit im Geschäft zur Auflösung des Vertrages führt.

Verbot der Vortäuschung anderer Eigenschaften eines zum Verkauf bestimmten Tieres (Bay´u-l-Musarrah)

Unter dieser Geschäftspraxis ist insbesondere der Verkauf von Kameltieren, Kühen oder Schafen zu verstehen, die vorsätzlich tagelang nicht gemolken wurden, um so dem Käufer als besonders kräftige und gesunde Tiere präsentiert werden zu können:

---

[111] Abu Dawud.

Nach Abu Huraira (r) nahm der Gesandte Allahs (s) bezüglich dieses Vorgehens folgendermaßen Stellung: „Wer Schafe gekauft hat, die für mehrere Tage nicht gemolken wurden, und dann selbst gemolken hat, soll diese behalten, wenn er mit ihnen zufrieden ist. Sollten sie ihm jedoch missfallen (und er will sie zurückgeben), dann ersetzt er die gemolkene Milch mit einem Sa' [Maßeinheit] getrockneter Datteln."[112]

Fällt der Käufer auf die Täuschung herein und kauft die Ware, ist der Vertragsabschluss formal korrekt, doch dessen praktische Anwendung ist *haram*, weil ein Betrug vorliegt. Sollte der Käufer diesen Betrug nach Vertragsabschluss erkennen, steht im die Option zu, den mangelhaften Vertrag rückgängig zu machen.

Auf diese Weise wird auch bei anderen erlaubten Tieren als die in der Überlieferung genannten verfahren.

Verbot der fingierten Nachfrage (Nadschasch)

Der *Nadschasch* bedeutet, dass ein Käufer für eine Ware einen vermeintlich höheren Preis bietet, allerdings ohne die Absicht, die Ware wirklich zu kaufen. Vielmehr bezweckt der Verkäufer, die Ware durch das erhöhte Angebot als kostbar zu präsentieren, um zu bewirken, dass ein anderer potentieller Kunde einen höheren Preis zahlt.

Abdullah Ibn Umar (r) berichtet: „Der Prophet (s) verbot An-Nadschasch."[113]

Kommt es zu einer auf den *Nadschash* beruhenden Übereinkunft, kann der Käufer den Kaufvertrag rückgängig machen. Das Verbot des *Nadschash* ist eine von vielen Maßnahmen, um Betrug und Manipulation im Handel vorzubeugen. Der nächste Fall ist aus ähnlicher Perspektive zu betrachten.

---

[112] Al-Buchari, Muslim.
[113] Al-Buchari.

Verbot des Verkaufs durch einen Ortsansässigen für einen Beduinen

Hintergrund dieses Sachverhalts ist die Übervorteilung eines Beduinen oder Reisenden durch einen Ortsansässigen, weil der Wanderer die örtlichen Verhältnisse und Preise nicht kennt. So darf grundsätzlich die Unkenntnis eines Fremden oder Reisenden nicht ausgenutzt werden, indem er vor dem Zielmarkt „abgefangen" wird und dazu veranlasst wird, seine Ware im Unwissen über die aktuellen Marktpreise unter Wert zu verkaufen:

> Abu Huraira (r) berichtet: „Der Gesandte Allahs (s) verbot, auf die Karawanen außerhalb der Stadt zu warten, um sie aufzukaufen, und dass ein Ortsansässiger für einen Beduinen dessen Handelswaren veräußert bzw. einkauft."[114]

> Ibn Tau'us berichtet über seinen Vater über Ibn Abbas (r), dass er sagte: „Der Gesandte Allahs (s) verbot, auf die Karawanen außerhalb der Stadt zu warten, um sie aufzukaufen, und dass ein Ortsansässiger für einen Beduinen einkauft." Er sagte: „Dann fragte ich Ibn Abbas: Was meint er mit seiner Aussage, dass ein Ortsansässiger für einen Beduinnen einkauft?" Er antwortete: „Er darf kein Zwischenhändler oder Makler für ihn sein!"[115]

Verbot des Aufkaufs von Waren reisender Kaufleute, bevor sie den lokalen Markt erreichen

Analog zu obigem Sachverhalt kauft hier zum Beispiel ein Großhändler von einer Karawane oder von reisenden Kaufleuten ihre Waren auf, bevor diese den Zielmarkt erreicht haben. Er bietet diese dann später zu einem weit höheren Preis auf dem Markt an. Trotz der formalen Korrektheit des Kaufvertrages wird solch ein Geschäft als *haram* (verboten) eingestuft. Der Aufkäufer zieht hier unlauteren Vorteil aus der Unwissenheit bezüglich der tatsächlich herrschenden Preise. Daher können die ursprünglichen Händler, wenn sie den Markt erreichen und dort den tatsächlichen Wert erfahren, den Kaufvertrag annullieren, falls Betrug vorlag.

Verbot der Teuerung durch künstliche Verknappung (Ihtikar)

---

[114] Al-Buchari, Muslim.
[115] Muslim.

Hierunter versteht man die Hortung von Grundnahrungsmitteln mit der Absicht, eine künstliche Teuerung zu erzielen. Nahrungsmittel werden in großen Mengen aufgekauft, um diese zu einem späteren Zeitpunkt zu höheren Marktpreisen zu veräußern. Bezüglich dieser für eine Gesellschaft schädlichen Geschäftspraktik äußerte sich der Prophet (s) wie folgt:

„Nur der Verfehlende hortet!"[116]

In einer solchen Situation kann ein Richter (*Qadi*) aus Rücksicht gegenüber dem Interesse der Allgemeinheit den Verkäufer dazu zwingen, seine Waren zu veräußern. Weigert er sich, könnte der Richter die Waren zum marktüblichen Preis aufkaufen.

Verbot des Verkaufs, der sich gegen einen anderen Händler/Verkauf richtet

Der Prophet (s) sagte: „Der eine soll nicht seinen Bruder nach seinem Kaufabschluss überbieten!"[117]

Der Verkauf eines Händlers – zum Beispiel durch Unterbietung - an einen Kunden, der bereits mit einem anderen Händler eine Übereinkunft getroffen hat, ist unzulässig. Ebensowenig darf ein Kunde ein bereits geschlossenes Kaufgeschäft zwischen einem Händler und einem anderen Kunden durch einen attraktiveren Kaufpreis oder Ähnliches unterlaufen.

Verbot der Aufrechterhaltung von Geschäftsbeziehungen zu Händlern verbotener Waren

Falls sich ein Käufer im Rahmen einer islamischen Gesellschaft darüber gewiss ist, dass der Händler mit Waren handelt, deren Genuss für Muslime *haram* (verboten) ist, gilt der Kauf als untersagt. Es ist allerdings zu berücksichtigen, was aus der Perspektive des Händlers selbst erlaubt oder verboten ist. So kann der Verkauf desselben Verkaufsobjekts, zum Beispiel Schweinefleisch, durch einen christlichen Händler legitim, durch einen muslimischen aber verboten und somit das Geschäft mit diesem zu meiden sein. Ein Meiden des Händlers

---

[116] Muslim.
[117] Muslim.

ist auch geboten, wenn der Händler seinen Lebensunterhalt ausschließlich aus unrechtmäßig angeeignetem Eigentum bestreitet:

> Der Prophet (s) sagte: „Wer gestohlenes Gut kauft und weiß, dass es gestohlen wurde, hat Anteile an der Sünde und der Schande des Stehlens."[118]

Bietet der Händler teils erlaubte und teils verbotene Waren an, gilt der Geschäftsumgang mit ihm als unerwünscht (*makruh*). Hierbei beruft man sich auf folgenden von An-Nu'man Ibn Bashir (r) überlieferten Ausspruch des Propheten (s):

> „Das Erlaubte (*halal*) ist eindeutig, und das Verbotene (*haram*) ist eindeutig, und zwischen den beiden gibt es zweifelhafte Dinge, die vielen Menschen nicht bekannt sind. Wer die zweifelhaften Dinge meidet, schützt damit seinen *Din* (vereinfacht übersetzt: *Religion*) und seine Würde. Wer sich jedoch auf die zweifelhaften Dinge einlässt, ähnelt einem Hirten, der seine Herde so nahe am Rande einer Schutzzone weiden lässt, dass sie fast deren Grenzen übertritt. Gewiss! Jeder Regent verfügt über Schutzzonen, und die Schutzzonen Allahs sind die von Ihm verbotenen Dinge! Gewiss, im Körper gibt es ein kleines Organ; wenn es gesund ist, geht es dem gesamten Körper gut, und wenn es schlecht wird, geht es dem gesamten Körper schlecht. Dieses ist zweifelsohne das Herz!"[119]

Dass die Geschäfte, die ein Händler neben den eigenen Wirtschaftsbeziehungen betreibt, auch zu berücksichtigen sind, lässt die Schlussfolgerung zu, dass Unternehmen oder Unternehmer mit grundsätzlich unethischem Verhalten beispielsweise ihren Angestellten gegenüber nicht als Vertragspartner gewählt werden sollen.

2. Das Wechselgeschäft *(Sarf)*

Sprachlich kann *Sarf* je nach Zusammenhang Zunahme, Überschuss, Steigerung, Abwendung oder Zuwendung bedeuten.

---

[118] Al-Baihaqi.
[119] Al-Buchari, Muslim.

Fachspezifisch nach der *Scharia* meint *Sarf* allgemein den „Tausch oder das Einwechseln eines Preises gegen einen anderen bzw. den Tausch eines Zahlungsmittels gegen ein anderes."[120] Im engeren Sinne bezeichnete dies ursprünglich den Austausch von geprägten oder ungeprägten Formen der Münzen Dirham und Dinar oder von Zahlungsmitteln wie Gold und Silber. Heute kann die Definition auf alle Geldwährungen ausgeweitet werden. Jede Landeswährung stellt einen Gegenwert einer anderen Landeswährung dar.

Der *Sarf* gilt als eine Form des Kaufgeschäfts (*Bay'*). Somit unterliegt der *Sarf* auch grundsätzlich dessen Bestimmungen. Da aber Währungen mit ihrer Nähe zu Gold und Silber zinsnahe Güter darstellen (siehe Kapitel II, Abschnitt 8.3), müssen einige Besonderheiten beachtet werden, um zu vermeiden, dass die Transaktion als Zinsgeschäft klassifiziert wird.

1.) Bei Zahlungsmitteln gattungsgleicher Art darf der Austausch nur in gleichen Mengen erfolgen

Wie im Kapitel zum Zins dargelegt, ist der Tausch von währungsähnlichen Gütern gegeneinander nur in exakt derselben Menge zulässig, um einen möglichen Zins zu unterbinden. So wäre es zum Beispiel Zins, wenn ein Kilo Gold heute gegen 1,2 Kilo in drei Monaten getauscht wird. Werden aber verschiedene Währungen gegeneinander gewechselt, entfällt diese Auflage, da es sich nicht mehr um gleiche, sondern verschiedene Gattungsgüter handelt.

2.) Sofortige Besitzergreifung beider Zahlungsmittel ohne Gewährleistung eines Aufschubs

In der Vertragssitzung müssen beide Geldwährungen unverzüglich ausgetauscht werden. Keine der beiden Währungen darf, auch nicht bei Einwilligung der Vertragspartner, mit zeitlichem Verzug übertragen werden. Dies ist ebenfalls als Maßnahme gegen ein verstecktes Zinsgeschäft zu sehen.

> Abu l-Minhal (r) berichtet: „Ich fragte Al-Baraa Ibn Azib und Zaid Ign Arqam nach *Sarf*. Sie erzählten: „Wir waren zu Lebzeiten des Gesandten Allahs (s) Kaufleute, und wir fragten ihn nach *Sarf*. Er sagte: „Wenn es von Hand zu Hand erfolgt, dann ist nichts daran auszu-

---

[120] Vgl. Vogel, Frank E. / Hayes, Samuel L., III (1998), S. 103.

setzen. Sollte es jedoch mit zeitlicher Verzögerung erfolgen, dann ist es nicht erlaubt.""[121]

Vor einem Weiterverkauf muss tatsächlich von den Finanzmitteln und Waren Besitz ergriffen worden sein.

3.) Der Vertrag gilt als definitiv und ist frei von vertraglichen Rücktrittsoptionen

Nach der Besitzergreifung und der Auflösung der Vertragssitzung geht der Tausch in das Eigentum des jeweiligen Geschäftspartners über. Eine Gewährung einer vertraglichen Rücktrittsoption würde eine sofortige Besitzergreifung und die Übertragung in das Eigentum untergraben, was wiederum dieser besonderen Form des Vertragswesens zuwiderlaufen würde. Es gibt allerdings keinen Einwand, bei Vorliegen eines Mangels den vollzogenen Tausch wieder rückgängig zu machen.

Nachdem die Grundvoraussetzungen für Veräußerungsgeschäfte im Allgemeinen sowie das Wechselgeschäft erläutert wurden, werden nun Konstellationen mit dem Ziel der Finanzierung und Beteiligung vorgestellt. Da es sich auch hier um Veräußerungsgeschäfte im weiteren Sinne handelt, sind sie denselben Bedingungen unterworfen wie die oben vorgestellten Vertragsprinzipien des *Bayʿ*.

3. Übersicht über die verschiedenen Finanzierungsformen

Schirka (wörtlich *Gesellschaft, Firma*) ist der Begriff, der in der klassischen Rechtslehre (arabisch *Fiqh*) als Überbegriff für Partnerschaften verwendet wird. Von *Muscharaka* ist meist in neuerer Literatur die Rede, insbesondere wenn man von verschiedenen Arten der islamischen Finanzierung spricht. Die Übersicht verbildlicht die im Laufe dieses Kapitels verwendeten Begriffe:

---

[121] Al-Buchari.

Islamische Finanzierungsmodelle und Darlehen

Qard hassana	Wohltätiges Darlehen
Muscharaka	Kontinuierliche und abnehmende partnerschaftliche Beteiligung
Mudaraba	Beauftragung eines Maklers
Murabaha	Verspätete Zahlung
Idschara	Leasing
Salam	Vorauszahlung
Istisna	Werkvertrag

An dieser Stelle muss erneut darauf hingewiesen werden, dass minimale Unterschiede in der Auslegung der Schulen nicht jedes Mal aufgeführt werden, um den mit dem islamischen Rechtssystem wenig vertrauten Leser nicht unnötig zu verwirren. Bei größeren Differenzen wird auf Unterschiede hingewiesen. Außerdem ist zu erwähnen, dass die nun folgenden Finanzkonstrukte die reale Ausprägung der zuvor vorgestellten Prinzipien sind. Sie beinhalten keine neuen faktischen Grundsätze und bedürfen dementsprechend, außer der *Qard hassana*, keiner eigenen Quellen. Es sind auch andere Konstruktionen nach der *Scharia* denkbar, sofern sie mit den erläuterten Bedingungen konform gehen.

3.1. *Qard hassana* - Das wohltätige Darlehen

Bei dieser Form des Darlehens werden keinerlei Gebühren oder Zinsen erhoben. *Qard hassana* wird besonders zur Überbrückung von Notsituationen von Geschäftsleuten wie Privathaushalten verwendet. Es handelt sich folglich nicht um eine Kapitalanlage, sondern um eine soziale Leistung oder Mildtätigkeit.[122] *Qard hassana* kann und soll nicht den Finanzbedarf umfangreicher Geschäfte decken, dafür gibt es andere Instrumentarien. An diesem „Sozialkredit" verdient durch das Zinsverbot kein Geldgeber. So wäre dies für eine Bank gänzlich

---

[122] Vgl. Beekun, Rafik Issa (1997), S. 49.

uninteressant. Die Bank wäre hier vermutlich nur ausführendes Organ für Mittel, die der Staat, Bankkunden oder Spender ihr zur Verfügung stellen. Bankkunden können hierfür zum Beispiel einen gewissen Prozentsatz ihrer An- oder Einlagen freigeben.

Eine Gesellschaft kann sich jedoch nicht ihrer Verantwortung mit dem Argument entziehen, dass dies wirtschaftlich nicht attraktiv sei. Unterstützungen dieser Art fallen von privater Seite in den Bereich der Wohltätigkeit, deren Vorzüge und Empfehlung bereits mehrfach betont wurden. Als Staatsaufgabe wäre dieses Darlehen ein Teil des Sozialwesens, dessen Erfüllung für Siddiqi obligatorisch ist:

> „Should a needy individual fail to find support from his near relatives and other private sources, the state is obliged to come to his assistance."[123]

> „Sollte ein bedürftiges Individuum keine Unterstützung von nahen Verwandten oder privaten Quellen bekommen, ist der Staat zur Hilfestellung verpflichtet."

Neben dem wohltätigen Darlehen gibt es noch die Stiftung zum Nutzen der Allgemeinheit (arabisch *Waqf*), die vom Kerngedanken her den im Westen bekannten gemeinnützigen Stiftungen entspricht, deren Fortbestand aber natürlich nicht durch die feste Verzinsung eines Grundkapitals gesichert werden darf.

3.1.1. Einordnung des *Qard hassana* nach der *Scharia*

Sprachlich bedeutet *Qard* die Durchtrennung, Abtrennung von etwas bzw. das Zerschneiden. *Qard* bedeutet dementsprechend die Trennung von einem Teil des Eigentums des Leihgebers, um es dem Darlehensnehmer zur Verfügung zu stellen. Das Wort *Salaf* ist als Synonym zu *Qard* zu sehen, und beide werden mit der Bedeutung von Darlehen oder Kredit verwendet.

---

[123] Siddiqi, Muhammad Nejatullah: Role of the State in the Economy. An Islamic Perspective. Leicester: The Islamic Foundation, 1996, S. 21.

Nach der *Scharia* meint der Begriff „die einseitige Verpflichtung eines Eigentümers, einen bestimmten Teil seines Vermögenswertes einem Darlehensnehmer zur Verfügung zu stellen, mit der Bedingung, dass der Darlehensnehmer einen Ersatz *ohne Aufschlag* zurückerstattet.[124]

Die Gewährung eines Darlehens betrachtet die *Scharia* grundsätzlich als lobenswerte Handlung (arabisch *mandub*), für die der Darlehensgeber im Jenseits belohnt wird. Zahlreiche Textstellen aus Koran und *Sunna* unterstreichen die Vorzüge dieser Handlung. Die folgenden Belege sollen die hohe Stellung des Darlehens und dessen ausschließlich sozialen und nicht-kommerziellen Charakter unterstreichen:

> Wer ist es, der Allah ein gutes Darlehen *[Qard hassana]* leiht? So vervielfacht Er es ihnen vielmals, und Allah hält zurück und Er weitet aus, und zu Ihm werdet ihr zurückgebracht. (Sure 2, Vers 245).

> Abu Huraira (r) berichtet über den Propheten (s), dass er sagte: „Wer das Vermögen (anderer) Menschen geliehen hat mit der Absicht, es zurückzuzahlen, für den zahlt Allah es zurück (falls er nicht vorher stirbt). Wer es aber geliehen hat, um es zu vernichten (und nicht, um es zurückzuzahlen), den wird Allah vernichten."[125]

> Der Prophet (s) sagte: „Gewiss, Allah hilft seinen Diener (aus der Not), solange der Diener seinem Bruder (aus der Not) hilft."[126]

> Anas Ibn Malik (r) berichtet, dass der Gesandte Allahs (s) sagte: „In der Nacht von Al-Israa (Nacht- und Himmelsreise) sah ich auf dem Tor des Paradiesgartens geschrieben: Die *Sadaqa* [wohltätige Spende] wird zehnfach und *Qard* wird achtzehnfach vergolten. Daraufhin fragte ich Dschibril [den Engel Gabriel]: „Weshalb ist *Qard* besser als *Sadaqa*?" Er sagte: „Weil derjenige, der um *Sadaqa* bittet, darum bittet, während er etwas besitzt, wohingegen der Darlehensnehmer um ein Darlehen bittet, weil er in Bedrängnis ist.""[127]

---

[124] Vgl. Vogel, Frank E. / Hayes, Samuel L., III (1998), S. 105.
[125] Al-Buchari.
[126] Muslim.
[127] Ibn Madscha.

Es gibt verschiedene *Scharia*-Normen, die sowohl eine Pflicht, das Wünschenswerte oder auch ein Verbot umfassen können. Wie dargestellt, ist die Kreditgewährung erwünscht (arabisch *mandub*), kann aber auch verboten sein (*haram*), wenn der Darlehensgeber weiß, dass sein Geld für verbotene Handlungen verschwendet wird, wie zum Beispiel im Falle des Glücksspiels. Als unerwünscht (arabisch *makruh*) gilt das Darlehen, wenn abzusehen ist, dass es verschwendet wird oder nicht zurückbezahlt werden kann. Im letzteren Falle wäre eine Spende (*Sadaqa*) möglicherweise ein passenderes Mittel. Als verpflichtend (arabisch w*adschib*) gilt es, wenn dem Darlehensgeber bekannt ist, dass der Empfänger und seine Familie in aussichtsloser Not sind und keine anderen Mittel zur Verfügung haben (natürlich haben auch der Staat und in erster Linie die eigene Familie bzw. die Verwandten Versorgungspflichten).

3.1.2. Bestandteile des *Qard hassana*

Ähnlich dem *Bay´* gehören zum *Qard hassana* drei feste Bestandteile:

1. Die Vertragsform
2. Die Vertragsparteien (Darlehensgeber und Darlehensnehmer)
3. Das Darlehen selbst

Die Vertragsform

Die Vertragsform entspricht den Vorgaben des Kaufgeschäft (*Bay´*, siehe Kapitel III, Abschnitt 1). Insbesondere ist es nötig, dass beide Parteien ihren Willen klar und aus freien Stücken kundtun.

Die Vertragsparteien

Auch hier müssen die Parteien in Analogie zum Kaufgeschäft mündig und geschäftsfähig sein sowie über das zu vergebene Eigentum tatsächlich verfügen.

Das Darlehen

Für das Darlehen selbst ist jede Sache zulässig, solange sie nach den Kriterien des Eigentums eindeutig bestimmbar ist. Ein *Hadith* liefert die Belegstelle dafür, dass nicht unbedingt das geliehene Objekt selbst, sondern ein anderes gleicher Gattung zur Rückzahlung des Darlehens zulässig sein kann:

> Abu Huraira (r) überliefert folgenden Bericht: „Ein Mann hat dem Propheten (s) ein Kamel eines bestimmten Alters als Darlehen gegeben. Eines Tages kam der Mann, um sein Darlehen von ihm zurückzufordern. Dann wies er seine Gefährten an, ihm ein entsprechendes Kamel zu geben. Sie suchten nach einem passenden Tier, konnten aber nur ein Kamel finden, das etwas älter und wertvoller war. Er befahl ihnen, dem Mann dieses Tier zu geben. Dann sagte der Mann: „Du hast mir mein Darlehen voll zurückgegeben. Möge Allah dir den vollen Lohn geben!" Der Prophet (s) sagte: „Die Vorzüglichsten unter euch sind diejenigen, die ihre Schulden auf beste Weise begleichen!""[128]

3.1.3. Die Rückerstattung des *Qard hassana*

Der Darlehensgeber hat prinzipiell zu jedem Zeitpunkt das Recht, den Darlehensnehmer aufzufordern, das Darlehen wieder zurückzuerstatten. Die Begründung ist, dass das *Qard* generell ohne Aufschlag zurückstattet wird, selbst wenn es verspätet ist. Der Leihgeber hat dementsprechend keinen wirtschaftlichen Nutzen durch das Darlehen. Für den Darlehensnehmer gilt das Verbot der zeitlichen Verzögerung der Rückgabe des Darlehens, sofern er hierzu in der Lage wäre und dies vom Geber verlangt wird. Es kann auch ein expliziter Rückgabetermin durch beide Parteien festgelegt werden. Dennoch könnte der Leihgeber die vorzeitige Rückgabe wünschen, diese aber nicht „gewaltsam" einfordern.

Solche Vorgaben für die Rückerstattung wären natürlich bei Darlehen im Rahmen von Investitionen schwer denkbar, diese unterliegen aber auch gänzlich anderen Prinzipien als der „Sozialkredit" *Qard hassana* und werden noch erläutert.

---

[128] Al-Buchari, Muslim.

3.1.4. Nebenvereinbarungen bei Vertragsschluss eines Darlehens

Es gibt nach der *Scharia* drei Formen von Nebenvereinbarungen im Zusammenhang mit der Gewährung eines Darlehens:

a) Nebenvereinbarungen, die den Vertrag für ungültig erklären

Darunter fallen alle Vereinbarungen, die nach der *Scharia* inhaltsgemäß nicht Gegenstand eines Darlehensvertrages sein dürfen, wie z.B. ein klarer oder versteckter Aufschlag durch den Darlehensgeber. Der Prophet (s) sagte hierzu:

„Jeder *Qard*, der einen Nutzen (für den Darlehensgeber) nach sich zieht, gilt als eine Art des Zinses."[129]

Der islamische Darlehensvertrag stellt ausschließlich eine einseitige Verpflichtung dar. Ein unentgeltliches Darlehen wird als Akt der Menschlichkeit und um Allahs Wohlgefallen gewährt, um die Bedürfnisse des Menschen zu decken und die Not des Einzelnen zu lindern, nicht etwa um einen gewinnbringenden Nutzen oder einen persönlichen Vorteil aus der Handlung zu ziehen.

Hat der Schuldner das Bedürfnis, ohne vorausgegangene Vereinbarung oder auf einen Brauch beruhend zusätzlich zur Rückerstattung der Schulden ein Geschenk zu geben, unterscheidet man zwei Fälle:

Erfolgt der Aufschlag (in Form von Geld, einem Geschenk oder durch Austausch einer besseren Ware) *vor* dem eigentlichen Zeitpunkt der Rückgabe des Darlehens, so gilt für den Darlehensnehmer, eher davon Abstand zu nehmen. Eine Ausnahme ist es, wenn Geschenkzuweisungen zwischen Gläubiger und Schuldner durch Freundschaft schon vor dem Darlehensvertrag bestanden, weil hier davon ausgegangen werden kann, dass diese zusätzlichen Leistungen nicht allein aufgrund des Darlehensvertrags zustande kamen.

Yahya Ibn Abi Ishaq Al-Huna'i berichtet: „Ich habe Anas Ibn Malik (r) darüber befragt, dass der eine von uns seinem Bruder ein Darle-

---

[129] Al-Baihaqi.

hen gewährt und dann von ihm beschenkt wird. Er sagte, dass der Gesandte Allahs (s) sagte: „Wenn jemand von euch jemandem ein Darlehen gewährt, der ihm danach ein Geschenk oder das Transportieren auf seinem Reittier anbietet, so soll er weder das Transportieren noch das Geschenk annehmen, es sei denn, es war so vorher üblich unter ihnen.""[130]

Erfolgt hingegen der Aufschlag *nach* dem Zeitpunkt der endgültigen Rückgabe des Darlehens, bewertet die *Scharia* es für den Schuldner als erwünschte Handlung (*mandub*), und es bestehen keinerlei Einwände, wenn der Gläubiger ein solches Geschenk in Empfang nimmt, schließlich wurden die Verpflichtungen des Darlehensvertrags von beiden Seiten erfüllt. Vielmehr gilt es als lobenswert, wenn der Darlehensgeber freiwillig mehr oder sein Darlehen mit etwas Besserem zurückzahlt. Denn:

„(...) Die Vorzüglichsten von euch sind diejenigen, die ihre Schuld auf beste Weise begleichen!" (siehe auch Abschnitt 3.1.2)[131]

Es gibt also keine Zusatzleistungen für das Darlehen. Die Annahme von Geschenken im Rahmen einer Freundschaft oder nach Abschluss der Transaktion ist jedoch zulässig.

b) Nebenverabredungen, die nicht bindend im Sinne der Scharia sind und keinen Einfluss auf die Gültigkeit des Darlehensvertrages haben

Hierunter würde beispielsweise eine Vereinbarung fallen, die besagt, dass das Darlehen zu einem festgesetzten Zeitpunkt zurückzuerstatten ist. Diese Art der Vereinbarung ist nicht bindend. Oben wurde bereits ausgeführt, dass der Gläubiger jederzeit das Recht hat, das Darlehen einzufordern, gleichgültig ob zuvor von beiden Parteien ein späterer Zeitpunkt ausgemacht wurde oder nicht.

---

[130] Ibn Madscha.
[131] Al-Buchari, Muslim.

c) Nebenvereinbarungen, deren Erfüllung notwendig und bindend sind

Hierunter fallen jegliche Arten von Vereinbarungen, die den Zweck verfolgen, den Vertragsschluss zu dokumentieren und die vertragliche Verpflichtung sicherzustellen. So kann beispielsweise der Gläubiger als Bedingung für die Gewährleistung eines Darlehens voraussetzen, den Vertrag schriftlich festzuhalten, nur in Gegenwart von Zeugen abzuschließen oder das Darlehen nur gegen Pfand auszuhändigen.

3.2. Der Konsumkredit

Neben Notlagen oder wirtschaftlichen Unterfangen zur Mehrung des Vermögens besteht auch Finanzbedarf für nicht lebensnotwendige Gebrauchs- und Verbrauchsgüter. In Kapitel II, Abschnitt 6, wurde bereits deutlich, dass unnötiger Konsum nicht den Werten des Islam entspricht und somit auch nicht im Rahmen seines Wirtschaftsgefüges gefördert wird. Wenn Konsumkredite aus Bedürftigkeit und bedrohlicher Not entstehen, fallen sie unter *Qard hassana*, das im vorigen Kapitel behandelt wurde. Das indirekte Unterbinden des Konsums über die eigenen Verhältnisse hinaus (außer in Notlagen) durch das Zinsverbot dürfte einer Gesellschaft unter dem menschlich-sozialen Aspekt vielmehr Positives bringen, indem es eine Überschuldung der Bevölkerung durch überzogenen Konsum verhindert.

Natürlich gibt es Instrumente, einen nicht lebensnotwendigen Konsumwunsch zu finanzieren, wie zum Beispiel das Leasing oder den Ratenkauf. Beide sind nach der *Scharia* durchaus zugelassen und werden an späterer Stelle vorgestellt. An Krediten, die nicht zu einer Wertschöpfung beitragen, hätten Banken aufgrund des Zinsverbots kein Interesse. Denkbar wären aber Vereinbarungen zwischen Händler und Bank. So könnte ein Händler mit seinen Kunden verschiedene Formen der späteren Zahlung oder Teilzahlung vereinbaren, wobei ihm die Bank das nötige Kapital zur zeitlichen Überbrückung in Form einer Partnerschaft wie *Muscharaka* zur Verfügung stellt.

Generell ist es wichtig, für das Verständnis von Schuld und Eigentum nach der *Scharia* festzuhalten, dass der Käufer oder Kreditnehmer Eigentümer des erworbenen Gegenstandes oder Betrages wird, aber natürlich verschuldet ist. Den Eigentumsvorbehalt als Sicherheit für den Verkäufer oder Leihgeber gibt es somit nicht, allerdings könnte das erworbene Gut, zum Beispiel ein Haus, im

Gegenzug als Pfand dienen. Dies gilt dann als verpfändetes Eigentum anstatt als pauschaler Eigentumsvorbehalt.

3.3. *Muscharaka* - Partnerschaft durch Beteiligung

3.3.1. Das Konzept der *Muscharaka*

Muscharaka (wörtlich *Beteiligung*) ist zu vergleichen mit einem Joint Venture oder Equity Financing, in dem alle Beteiligten Gewinn und Verlust teilen.[132] Das Prinzip der Gewinn- und Verlustbeteiligung ersetzt in der islamischen Wirtschaft mitunter den Zins und wirkt dessen destruktiven Effekten entgegen. Bei *Muscharaka* gibt es keine fest vereinbarte Summe der Rückzahlung, sondern der Gewinn oder Verlust richtet sich nach dem tatsächlichen Geschäftserfolg.[133] Falls der Geldgeber (Kreditor) also keine sozialen Motive wie bei einer *Qard hassana* hat, sein Geld zu vergeben, wäre dies eine mögliche Form des Investments. So soll die Vermeidung von Ungleichheit für die Geldnehmer (Debitoren), aber auch für die Geldgeber gesichert werden.[134]

Beispiel: Nach westlichem Modell wird eine Produktionsstätte durch 90 Prozent Fremdkapital zu einem Zinssatz von 10 Prozent finanziert. Bei großem Erfolg erhält der Geldgeber nur einen sehr bescheidenen Teil des Erlöses, obwohl er das Projekt zu 90 Prozent finanziell getragen hat. Der Geldnehmer bezieht den „Löwenanteil" und könnte die angefallenen Kapitalkosten auf andere umlegen oder steuerlich geltend machen. Im umgekehrten Fall, also bei einem Misserfolg, muss der Debitor trotz schlechter wirtschaftlicher Situation einen zusätzlichen Betrag an den Kreditor abführen. In beiden Fällen gibt es einen Gut- und einen Schlechtgestellten. Bei *Muscharaka* dagegen profitieren oder verlieren beide in dem Maße, in dem sie sich finanziell oder in anderer Form engagiert haben.

---

[132] Vgl. Warde, Ibrahim: Islamic Finance in the Global Economy. Edinburgh: University Press, 2000, S. 136.
[133] Vgl. Khan, Mohsin S. / Mirakhor, Abbas: The Framework and Practice of Islamic Banking. In: Khan, Mohsin S. / Mirakhor, Abbas (Hrsg.): Theoretical Studies in Islamic Banking and Finance. Houston: The Institute for Research and Islamic Studies, 1987, S. 1-13, S. 6.
[134] Vgl. Iqbal, Zubair / Mirakhor, Abbas: Islamic Banking. Washington D.C.: International Monetary Fund, 1987, S. 3.

3.3.2. Gewinn-Verlust-Verteilung bei *Muscharaka*

Voraussetzung für *Muscharaka* ist die Gültigkeit des Vertrags durch die Teilnahme aus freien Stücken und die Mündigkeit der Teilnehmer. Damit der Vertrag in Kraft treten kann, muss die Zuteilung des Gewinns (Wertmehrung im Vergleich zum Anfangsbestand aller Vermögensgegenstände) von Beginn an festgelegt sein. Ansonsten verstößt der Vertrag gegen die *Scharia*.[135] Ebenso ist die Zuteilung von festen Beträgen oder fixen Prozentsätzen auf eingesetztes Kapital untersagt. Dies wäre Zins. Die Höhe des Anteils muss also in tatsächlichem Verhältnis zum Geschäftserfolg stehen. Die Schulen differieren marginal, inwiefern die Zuteilung genau dem Anteil des beteiligten Kapitals entsprechen muss. Zusammengefasst kann aber gesagt werden, dass die Verteilung des Gewinns im Groben der Kapitalanteilschaft entsprechen sollte. Kleinere Differenzen können durch die konkrete Vertragsgestaltung begründet sein. Bei anteilsmäßigem Tragen des Verlusts herrscht Einigkeit unter den Gelehrten, dass dies exakt mit dem Anteil des jeweils investierten Kapitals korrelieren muss.[136]

3.3.3. Kapitaleinlagen und die Auflösung der *Muscharaka*

Die Einlagen der Partner - liquide oder illiquide - müssen bei Vertragsschluss genau bewertet werden. Hier gilt besondere Vorsicht, falls illiquide Werte wie Gebäude oder Produktionsanlagen eingebracht werden. Diese müssen zu Marktpreisen bewertbar sein und entsprechend bewertet werden, damit sie sich mit dem gemeinsamen Vermögen der Partner mischen.[137] Sonst könnte, zum Beispiel bei einem späteren Verkauf, von der jeweiligen Wertsteigerung der Einlage nur derjenige profitieren, der diese ursprünglich eingebracht hat, womit der Gedanke der Partnerschaft zerstört würde. Es kann zwischen den Partnern, wie einer Bank und einem Unternehmer, ein neues Projekt oder eine neue Unternehmung gegründet werden. Möglich ist aber auch, dass ein Unternehmer sein bestehendes Unternehmen als Einlage gegenüber der Bank nutzt und die Bank sich mit Kapital beteiligt, da die Einlage nicht zwingend in Geldform erfolgen muss.[138] Hier muss erst eine komplette Bewertung des bestehenden

---

[135] Vgl. Warde, Ibrahim (2000), S. 137.
[136] Vgl. Usmani, Muhammad Taqi (2000), S. 35ff.
[137] Vgl. ebd., S. 39.
[138] Vgl. ebd., S. 38f.

Unternehmens vollzogen werden. Standardisierte Bewertungs- und Bilanzierungsverfahren wären hierbei von Nutzen. Die Evaluierung wäre auch durch eine außen stehende Unternehmensberatung möglich.

Das Management könnte durch die Partner, je nach Vereinbarung, gemeinsam oder nur durch eine Partei übernommen werden.[139] Die Auflösung dieser Beziehung kann jederzeit von allen Beteiligten veranlasst werden. Im Falle illiquider Vermögensgegenstände müssen diese geteilt oder verkauft werden. Falls eine der Parteien nicht mehr geschäftsfähig sein sollte, endet für ihn die Teilnahme. Im Todesfall eines Partners erhalten die Hinterbliebenen den entsprechenden Anteil. Möchte nur einer von mehreren Partnern seine Beteiligung beenden, ist dies möglich, indem er von den anderen ausbezahlt wird.[140]

Ob ein Einzelner gegen den Willen der Mehrheit eine komplette Auflösung erzwingen kann, ist in den klassischen Rechtserörterungen nicht explizit erläutert und mag somit dem Gesellschaftervertrag der beteiligten Parteien überlassen werden. Die finanzielle Beteiligung kann vonseiten anderer Geschäftsleute oder einer Bank sowie Finanzinstituten erfolgen. Möglich ist die konstante Beteiligung oder die abnehmende *Muscharaka*[141], in der ein Partner durch seine Gewinne kontinuierlich Beteiligungen des oder der anderen Partner aufkauft. *Muscharaka* kann auch nur projektbezogen durchgeführt werden. Die Haftung beschränkt sich auf die Einlagen.[142]

Es ist legitim, die Beteiligungen in Form von *Muscharaka* frei zu handeln. In folgenden Beispielen wird vereinfacht angenommen, dass der Kreditor, wenn nicht anders erwähnt, immer eine Bank ist.

---

[139] Vgl. Haque, Nadeem Ul / Mirakhor, Abbas: Optimal Profit-Sharing Contracts and Investment in an Interest-Free Economy. In: Khan, Mohsin S. / Mirakhor, Abbas (Hrsg.): Theoretical Studies in Islamic Banking and Finance. Houston: The Institute for Research and Islamic Studies, 1987, S. 141-161, S. 143.
[140] Vgl. Usmani, Muhammad Taqi (2000), S. 12f.
[141] Vgl. Siddiqi, Muhammad Nejatullah: Banking without Interest. Leicester: The Islamic Foundation, 1983a, S. 266.
[142] Vgl. Usmani, Muhammad Taqi (2000), S. 38ff.

3.3.4. Parallelen von *Muscharaka* zu deutschen Rechtsformen

Oberflächlich betrachtet erinnert *Muscharaka*, wenn vom Einflussrecht Gebrauch gemacht wird, an die atypische stille Gesellschaft.[143] Übereinstimmungen sind hier u.a. das Mitspracherecht, die Gewinnverteilung nach angemessenen Anteilen und die Partizipation an der Mehrung des Gesamtvermögens. Je nach Vertragsgestaltung wären die Kündigungsfristen bei *Muscharaka* weniger streng geregelt als bei der atypischen stillen Gesellschaft. Die typische stille Gesellschaft[144] grenzt sich besonders klar in der Möglichkeit des Ausschlusses von Verlusten ab, was bei *Muscharaka* nicht möglich ist.

Die Bindung der einzelnen Partner muss nicht so stark sein wie bei der GmbH, die Mitsprache sowie die Gewinn- und Verlustbeteiligung könnte aber durch den Gesellschaftervertrag mit der *Muscharaka* auf einen Nenner gebracht werden. Die Aktiengesellschaft[145] ist, was die Gewinn- und Verlustbeteiligung sowie das Stimmrecht im Verhältnis zu besessenen Anteilen (nur bei Namensaktien) betrifft, je nach Vertrag identisch mit *Muscharaka*. Die Anlage durch *Muscharaka* ist vom Prinzip her also eine Aktie, ein an Gewinn und Verlust beteiligter Anteil eines Unternehmens. Inwiefern solche Aktien über Börsenplätze gehandelt werden können, wird an späterer Stelle erläutert.

Bei *Muscharaka* haben sich mindestens zwei Partner zu gleichen oder unterschiedlichen Teilen in einem Geschäft engagiert. Im folgenden Abschnitt wird *Mudaraba* vorgestellt, in der ein einziger Kapitalgeber ausreicht.

---

[143] Bei der atypischen stillen Gesellschaft ist der Geldgeber/Gesellschafter nicht nur am Gewinn und Verlust, sondern zusätzlich am Vermögen der Gesellschaft beteiligt. Vgl. Hopfenbeck, Waldemar: Allgemeine Betriebswirtschafts- und Managementlehre. Das Unternehmen im Spannungsfeld zwischen ökonomischen, sozialen und ökologischen Interessen. 11. Aufl., Landsberg/Lech: Verlag Moderne Industrie, 1997, S. 112f., oder §§ 230ff., HGB.
[144] Begriffsdefinition siehe Hopfenbeck, Waldemar (1997), S. 114.
[145] Begriffsdefinition siehe ebd., S. 119ff.

3.4. *Mudaraba* - Beauftragung eines Maklers

3.4.1. Konzept, Managementaufgabe und Kapitaleinlagen

Eine speziellere Art der Partnerschaft stellt *Mudaraba* dar. Hier stellt ein Geldgeber (arabisch *Rabbu-l-Mal*) einem für Management und Arbeit allein Verantwortlichen (arabisch *Mudarrib*) Mittel in Form von Kapital oder Waren für eine wirtschaftliche Unternehmung zur Verfügung.[146] Der Unterschied zu *Muscharaka* besteht also einmal darin, dass nicht alle Partner Kapital oder Werte einbringen müssen, sondern nur einer. Was das Management betrifft, hat hier auch nur ein Partner Bestimmungsgewalt, und zwar der beauftragte *Mudarrib*. Allerdings legt der Geldgeber den Rahmen der Betätigung fest.[147] Die weiteren Entscheidungen im Rahmen des Managements trifft dann der *Mudarrib*, den man auch als Geschäftsführer ansehen könnte.

Bei *Muscharaka* haben alle Beteiligten den Verlust in Proportion zu ihrer Einlage zu tragen, wogegen hier der nicht investierende *Mudarrib* auch kein Verlustrisiko in Form von eingebrachtem Kapital, sondern nur in Form seiner erbrachten Arbeitsleistung trägt.[148] Er haftet ausschließlich bei grober Vertragsverletzung oder Betrug. Der Geldgeber riskiert nur den zur Verfügung gestellten Betrag, es sei denn, er ermächtigt den *Mudarrib*, in seinem Namen auch Schulden zu machen (zum Beispiel durch die Inanspruchnahme von Lieferantenkrediten im islamischen Rahmen).[149] Alle Unternehmenswerte bleiben in der Hand des Geldgebers, bei *Muscharaka* liegen diese in den Händen aller Partner. Es ist Sache des Vertrags, inwieweit der Spielraum des *Mudarribs* festgelegt wird. Hier können zum Beispiel ein oder mehrere Geschäftsfelder festgelegt, dem *Mudarrib* aber auch völlig freie Hand gelassen werden.

Der Vertrag kann zudem mit mehr als nur zwei Unterzeichnern zustande kommen. So könnte der Geldgeber mehrere *Mudarribs* engagieren, die auf glei-

---

[146] Vgl. Nomani, Farhad / Rahnema, Ali: Islamic Economic Systems. London, New Jersey: Zed Books, 1994, S. 97.
[147] Vgl. Mills, Paul S. / Presley, John R.: Islamic Finance. Theory and Practice. Houndmills u.a.: Macmillan Press, 1999, S. 37.
[148] Vgl. Nomani, Farhad / Rahnema, Ali (1994), S. 98.
[149] Vgl. Wienen, Ingmar: Impact of Religion on Business Ethics in Europe and the Muslim World. Islamic versus Christian Tradition. 2., überarb. Aufl., Frankfurt am Main u.a.: Lang, 1999, S. 55.

cher Hierarchieebene Geschäfte für ihren Geldgeber ausführen. Eine Betätigung außerhalb der vertraglich gesicherten Geschäftsfelder muss vom Geldgeber legitimiert werden.[150]

3.4.2. Gewinnaufteilung und Laufzeit von *Mudaraba*

Bei *Muscharaka* muss das Gewinnaufteilungsverhältnis zu Beginn der Absprache vertraglich festgelegt werden und in Relation zur Kapitaleinlage stehen. Im Fall von *Mudaraba* sind die Beteiligten in der Wahl der Verhältnisse dagegen keinen Einschränkungen unterlegen.[151] Natürlich darf auch hier keine feste Summe oder fixer Prozentsatz auf die Kapitaleinlage vereinbart werden, sondern nur eine Aufteilung tatsächlicher Einnahmen. Das Aufteilungsverhältnis kann auch von der Art der Tätigkeit oder der Art des Einsatzes abhängen, so dass zum Beispiel bei dem Handel mit Erdöl ein bestimmtes Anteilsverhältnis gilt und bei dem Verkauf von Förderlizenzen im Ausland ein anderes.[152] Der *Mudarrib* hat keinen fest garantierten Lohn, und sein Risiko liegt im Einsatz seiner Arbeit. Je nach Gelehrtenschule können eventuelle Spesen und ähnliches aus den laufenden Einnahmen gedeckt werden.

Beendet wird die Geschäftsbeziehung aus freien Stücken der Vertragsparteien, es kann allerdings eine Mindestlaufzeit speziell zur Absicherung des *Mudarribs* vereinbart werden, um einen reibungslosen Ablauf zu gewährleisten. Am Ende der Partnerschaft müssen gegebenenfalls illiquide Vermögensgegenstände verkauft oder bewertet werden, damit der Anteil des *Mudarribs* entsprechend ausbezahlt werden kann.[153]

Diese Form der Partnerschaft darf nicht mit einem klassischen Angestelltenverhältnis verwechselt werden, bei dem der *Mudarrib* das Risiko eines möglichen Lohnverlusts trägt. Diese Form des Geschäfts ist eher mit der eines Maklers zu vergleichen, der rechtlich selbstständig auf Provisionsbasis handelt und auch eigenes Kapital mit einbringen kann, was eine Mischung von *Muscharaka* und *Mudaraba* bedeuten würde (siehe Abschnitt 3.5). Eine Herausforderung sind hier die Einschätzung der zukünftigen Erträge, das Abwägen der Risiken

---

[150] Vgl. Usmani, Muhammad Taqi (2000), S. 47ff.
[151] Vgl. Ucum, Ufuk (1998), S. 273.
[152] Vgl. Usmani, Muhammad Taqi (2000), S. 50.
[153] Vgl. ebd., S. 51f.

und der Aufwand zur Gewinnermittlung bzw. Auflistung der anfänglichen und letztendlichen Vermögensverhältnisse.[154]

3.4.3. Anwendung der Mudaraba

Diese Form der Projektfinanzierung war zu Zeiten Muhammads (s) üblich. Damals waren die Geldgeber meist reiche Geschäftsleute oder eine frühe Form der Bank und die *Mudarribs* oft Karawanenführer.[155] Es wurde also eine Expedition finanziert, wobei das finanzielle Risiko (zum Beispiel durch einen Überfall) einzig beim Geldgeber lag. Bei erfolgreicher Durchführung bekam der Karawanenführer seinen Anteil am erzielten Erlös. Zu Beginn der Geschäftsbeziehung wurde demnach, wie in einem Gesellschaftervertrag, das Gewinnverhältnis definiert und nach erfolgreicher Abwicklung entsprechend aufgeteilt.

Heute könnte man sich das zum Beispiel so vorstellen, dass Banken viel versprechenden „Köpfen" wie Patentbesitzern ein Projekt finanzieren, mit dem Kapital alleine haften, aber entscheidend am Gewinn beteiligt sind.

Die Rollen könnten jedoch auch vertauscht sein, wenn eine Bank *Mudaraba*-Zertifikate oder -Fonds an Privathaushalte verkauft. Hier wären dann die Geldgeber Privatleute, die insofern ein Mitspracherecht hätten, als dass sie sich ein Projekt ihrer Wahl aussuchen und sich einen Gewinn von dem angewandten Spezialwissen der Banken oder Finanzhäuser erwarten würden, die im Auftrag der Bankkunden diversen Geschäften nachgehen.

Bei den beiden bedeutendsten Finanzierungs- bzw. Investmentformen nach der *Scharia*, *Muscharaka* und *Mudaraba*, findet eine Beteiligung an Gewinn, aber auch an Verlust statt (Profit and Loss Sharing = PLS), was ein zentrales Prinzip der Investition im Islam darstellt. Das heißt, die Chance auf Gewinn gibt es nicht ohne gemeinsame Übernahme des Risikos. Das Gewinn- und Verlustverhältnis sowie Provisionen können im Vorfeld anteilig festgelegt werden, Gewinne kommen aber nur im Erfolgsfall zum Tragen.

---

[154] Vgl. ebd., S. 50ff.
[155] Vgl. Nienhaus, Volker (1982), S. 258.

3.5. Moderner Einsatz von *Muscharaka* und *Mudaraba*

Eine Kombination von *Muscharaka* und *Mudaraba* ist möglich, indem das eben vorgestellte Verhältnis zwischen Geldgeber und *Mudarrib* um eine Beteiligung am gemeinsamen Geschäft vonseiten des *Mudarribs* erweitert wird. Er bekommt dann nicht nur seine Vergütung im Erfolgsfall, sondern partizipiert zusätzlich mit seiner Beteiligung am Gewinn. Natürlich trägt er für diese Beteiligung auch einen Teil des Risikos.[156]

Mithilfe von *Muscharaka* und *Mudaraba* sind gemeinsame Unternehmungen, Projektfinanzierungen und die Finanzierung einzelner Transaktionen wie Import-Export-Geschäfte möglich, ohne die Reglements des islamischen Wirtschaftssystems zu verletzen. Für auftretende Probleme wie die genaue Gewinnermittlung bei Projektbeteiligung an einem großen Konzern, wo trotz Controlling die Zuordnung der projektverursachten Kosten durch die Nutzung der gesamten Infrastruktur unmöglich sein kann, können verschiedenste Wege eingeschlagen werden. In diesem Fall könnte sich die Gewinnverteilung auf den Betrag vor Abzug von Abschreibungen, Verwaltungskosten, Steuern etc. beziehen. Durch die prozentuale Aufteilung der Gewinne könnten die infrastrukturellen Mehrleistungen des Unternehmens gewürdigt werden.

Bei entsprechender Gestaltung ist es sogar möglich, dass die Bank dem Unternehmer eine Art Kontokorrentkredit nach der *Scharia* zur Verfügung stellt. Durch diesen kann der Unternehmer selbst die Finanzierung von Kurzzeit- und Tagesgeschäften realisieren. Die Gewinnbeteiligung der Bank kann beispielsweise zum Jahresende nach Gesamtgewinnermittlung erfolgen. Die Bank erhält dann ihre Vergütung entsprechend der Dauer und Höhe der in Anspruch genommenen Mittel.[157]

Ein prinzipieller Vorteil der Risikoteilung durch den Geldgeber im islamischen Wirtschaftssystem dürfte das wesentlich größere Interesse des Geldgebers am Erfolg des Unternehmers sein, anstatt in jedem Fall die feste Verzin-

---

[156] Vgl. Amereller, Florian: Hintergründe des "Islamic Banking". Rechtliche Problematik des *riba*-Verbotes in der Shari´a und seine Auswirkungen auf einzelne Rechtsordnungen arabischer Staaten. Berlin: Duncker und Humblot, 1995, S. 121.
[157] Vgl. Siddiqi, Muhammad Nejatullah: Issues in Islamic Banking. Selected Papers. Leicester: The Islamic Foundation, 1983b, S. 62.

sung zu beziehen und gegebenenfalls gegen den Ausfall dieser versichert zu sein. So würde das zu finanzierende Geschäft wesentlich genauer überprüft und auch mehr Know-how zur Verfügung gestellt werden.[158] Nach diesem Schema würden Kredite nicht mehr ohne Abwägung der Zweckmäßigkeit des wirtschaftlichen Engagements vergeben werden, wovon die ganze Gesellschaft profitieren könnte.

Zwei geläufige Kritikpunkte sind die Offenlegung von Unternehmensdaten gegenüber den Investoren (diese besteht allerdings auch oft bei der Bewilligung von festverzinsten Krediten), um die für eine Gewinnverteilung nötige Bewertung durchzuführen, und die Gefahr des Betruges vonseiten der Unternehmer durch das Ausweisen falscher Gewinne.[159] Ersteres kann relativ einfach durch Verschwiegenheitsklauseln verhindert werden. Die Ausweisung zu niedriger Gewinne zur Übervorteilung hätte längerfristig auf jeden Fall zur Folge, dass sich keine Financiers mehr für dieses scheinbar nicht lukrative Unternehmen finden würden. Ratingagenturen könnten die Geldgeber vor andauernden Verlusten oder schlechten Returns warnen, indem sie die einzelnen Firmen mit Kapitalbedarf erst einer Analyse unterziehen und so einsehbar machen. Die mögliche Überprüfung der tatsächlichen Gewinne hängt auch mit dem Steuerrecht zusammen.

Insgesamt lässt sich das Risiko des Betrugs durch ein gerechtes und eindeutiges Steuerrecht, welches die Ehrlichkeit der Wirtschaftssubjekte fördert, sowie durch Ratingagenturen und Wirtschaftsprüfer minimieren.

Es wurde deutlich, dass ein Unternehmer im islamischen Wirtschaftssystem nicht dazu in der Lage ist, zur Finanzierung auf einen leicht verfügbaren, verzinsten Kredit zurückzugreifen. Dies hat bei *Muscharaka* und *Mudaraba* zur Folge, dass der Geldgeber durch die Beteiligung einen Einfluss auf das Unternehmen gewinnt, der nicht immer gewollt ist. Die unter Abschnitt 3.3.3 kurz angesprochene abnehmende *Muscharaka* könnte dies lindern, indem der Unternehmer der Bank ihren Anteil, wie zum Beispiel an einer finanzierten Investiti-

---

[158] Vgl. Iqbal, Zubair / Mirakhor, Abbas (1987), S. 3.
[159] Vgl. Khan, Waqar Masood: Towards an Interest-Free Islamic Economic System. In: Khan, Mohsin S. / Mirakhor, Abbas (Hrsg.): Theoretical Studies in Islamic Banking and Finance. Houston: The Institute for Research and Islamic Studies, 1987, S. 75-105, S. 105.

onsgüteranlage, in Raten abkauft und gleichzeitig Miete für den genutzten Fremdanteil zahlt. So gewinnt der Unternehmer seinen Einfluss stetig zurück.[160]

Die Risikoübernahme bei *Muscharaka* und *Mudaraba* erinnert an durch Venture Capital finanzierte Vorhaben. Eine mögliche Verbindung des Venture-Capital-Gedankens und der *Scharia* soll im nächsten Kapitel betrachtet werden.

3.6. Venture Capital

Der Einsatz von Venture Capital ist nach der *Scharia* nicht nur erlaubt, sondern empfohlen, da es dem Prinzip des gemeinsamen Unternehmertums entspricht, bei dem alle Beteiligten an Risiken und Chancen teilhaben.[161] Die Kombination von *Muscharaka* und *Mudaraba* ähnelt deutlich dem Grundgedanken des Risiko- bzw. Wagniskapitals. Sowohl bei Venture Capital als auch bei dem islamischen Finanzierungsinstrument investiert ein Kapitalgeber in ein Vorhaben einer Person oder eines Unternehmens. Im Verlustfall verliert der Kapitalgeber seinen Einsatz, bei positivem Ergebnis werden die Gewinne zwischen den Beteiligten im vereinbarten Verhältnis aufgeteilt. Der Kapitalgeber kann in unterschiedlicher Gewichtung Einfluss auf das Management nehmen.

In der westlichen Ausprägung sieht der Einsatz von Venture Capital häufig so aus, dass ein Kapitalgeber ein für konservative Bankkredite zu risikoreiches Unterfangen finanziert. Der Kapitalempfänger hat oft auch eigene Mittel, die er mit einsetzt. Für das getragene Risiko besitzt der Venture-Capital-Geber einen Teil des Unternehmens und hat somit auch Anteil an den Gewinnen.[162]

Grob gesehen haben wir hier wie bei *Muscharaka* und *Mudaraba* ein Verhältnis der Finanzierung eines Geschäftsvorhabens, bei dem der Finanzierte zusätzlich eigene Mittel mit einbringt. Die Banken bzw. Wagniskapitalgeber müssen im islamischen Wirtschaftssystem keineswegs auf diese Form des Investments verzichten. Im Gegenteil, sie wären durch das Zinsverbot sogar dazu angehalten. Weder im westlichen noch im islamischen System müssen die Anteile ewig gehalten werden, sondern können frei veräußert werden.

---

[160] Vgl. Warde, Ibrahim (2000), S. 137.
[161] Vgl. ebd., S. 135f.
[162] Eine Erläuterung des Venture-Capital-Begriffs findet sich bei Busse, Franz-Joseph: Grundlagen der betrieblichen Finanzwirtschaft. 4., völlig überarbeitete und wesentlich erweiterte Aufl., München, Wien: Oldenbourg, 1996, S. 98ff.

Weitere Methoden zur zeitlichen Überbrückung fehlenden Kapitals nach der *Scharia* sind der Miet- und Ratenkauf sowie das Leasing, das folgend noch vorgestellt werden soll. Zuerst wird allerdings die Möglichkeit der Finanzierung von Wareneinsätzen betrachtet.

3.7. *Murabaha* - Verspätete Zahlung

Murabaha ist ursprünglich keine Form der Finanzierung, kann aber, wenn *Muscharaka* und *Mudaraba* nicht anwendbar sind, zum Zuge kommen. Bei *Murabaha* benötigt ein Händler Mittel zur Finanzierung eines Wareneinsatzes. Die Bank stellt für diesen speziellen Bedarf Kapital zur Verfügung bzw. erwirbt vorerst die Ware für den Weiterverkäufer und wird auf diese Weise Eigentümer. Somit trägt sie auch einen Teil des Risikos, das sich zum Beispiel bei Transportschäden oder technologischem Wertverlust bei nicht möglichem Absatz der finanzierten Ware bemerkbar macht. Die Bedingungen aus Kapitel III, Abschnitt 1, für einen gültigen Vertrag müssen auch hier erfüllt sein. Der Händler kennt den originären Preis der Ware und bezahlt der Bank für die Übernahme des Risikos und den Service einer verspäteten Zahlung einen fixen Aufschlag.[163] Dieser darf sich beim Versäumen der Zahlungsfrist nicht erhöhen, da dies Zins entsprechen würde. Es werden hier neben der Bereitstellung von Kapital weitere Leistungen der Bank übernommen, die diesen Aufschlag rechtfertigen, somit ist auch die Abgrenzung zum Zins gegeben. Bei Import-Export-Geschäften können dies Leistungen wie Zollabwicklung und Transport sein. Allerdings müssen diverse Auflagen beachtet werden, um einen versteckten Zins zu verhindern. Nur eine Ware kann auf diese Weise finanziert werden, denn wenn es sich beispielsweise um Mittel zur Lohnzahlung handeln würde, wäre wegen fehlender Risikoübernahme, aber Gebühren, kein Unterschied zu einem klassischen Darlehen gegeben. Bei der Abwicklung ist es empfehlenswert, dass der finanzierte Gegenstand zwischenzeitlich - wenn möglich - auch physisch in die Verfügungsgewalt der Bank gelangt.[164]

---

[163] Vgl. Mannan, Muhammad Abdul: Islamic Economics. Theory and Practice. 2., überarb. Aufl., Boulder, Colorado: Westview Press, 1986, S. 161.
[164] Vgl. Ucum, Ufuk (1998), S. 262.

Murabaha ist nicht die ideale Finanzierung im Sinne des Islam, ist aber in speziellen Fällen oder als eventuelle Übergangslösung tragbar. Eine Finanzierungsform für unternehmensnotwendige Anlagen kann *Idschara* darstellen.

3.8. *Idschara* - Leasing

Idschara (wörtlich *etwas zur Miete geben*) steht für zwei Vorgänge: die Inanspruchnahme der Leistung einer Person wie die Dienste eines Rechtsanwalts oder die kostenpflichtige Nutzung eines zur Verfügung gestellten Gegenstandes. Hier ist nur der zweite Fall relevant, da die Anstellung einer Person kein Finanzierungsvorgang ist. Der Leasinggeber heißt im Arabischen *Mu`dschir* und der Leasingnehmer *Musta`dschir*.[165] Im Grunde handelt es sich bei *Idschara* um etwas Ähnliches wie einen Verkauf, der auch dieselben Voraussetzungen erfüllen muss. Der Unterschied zum Kauf besteht hauptsächlich darin, dass der Leasingnehmer nicht Eigentümer wird.[166] Unter Berücksichtigung des steuerlichen Aspekts bezüglich der Spielräume bei Abschreibungen wie zum Beispiel in Deutschland kann man es auch zu den Finanzierungsarten zählen. Das Wesen des *Idschara*-Vertrags kann in folgenden Punkten zusammengefasst werden:[167]

- Nach Übereinkunft stellt ein Eigentümer einem Nutzer etwas gegen Bezahlung zur Verfügung und bleibt während der gesamten Nutzungsdauer Eigentümer.
- Der Gegenstand muss nutzbar sein, das heißt, man kann zum Beispiel keine Nahrung leasen. Dies wäre ein Darlehen für Konsum.
- Die Haftung und das Risiko bleiben außer im Falle der missbräuchlichen Nutzung beim Eigentümer. Laufende Kosten trägt der Leasingnehmer, eventuelle Versicherungskosten im Sinne einer Versicherung des Gegenstandes selbst trägt der Eigentümer.
- Art der Nutzung, Dauer und Höhe der Zahlungen müssen von Beginn an vertraglich festgelegt sein.

---

[165] Vgl. Usmani, Muhammad Taqi (2000), S. 158.
[166] Vgl. Wienen, Ingmar (1999), S. 54.
[167] Vgl. Usmani, Muhammad Taqi (2000), S. 159-62.

- Die periodische Zahlung darf erst mit der Verfügungsgewalt über den Gegenstand beginnen. Unterschiedlich hohe Zahlungen über die Zeit sind zulässig, wenn diese zu Beginn vereinbart und in der Höhe spezifiziert wurden.

Worin besteht nun der Unterschied zwischen *Idschara* und dem Leasing von Investitionsgütern oder Autos nach westlichem Modell? Wenn in Deutschland ein Fahrzeug geleast wird, verläuft die Berechnung der Leasingrate üblicherweise wie folgt:[168] Der Wertverlust des Wagens für die Dauer des Leasings oder per Monat wird mit den entstehenden Kosten durch eventuelle Wartungsverträge und Services in diesem Zeitraum summiert. Bis hierhin geht der Vertrag völlig konform mit der *Scharia*. Der Leasinggeber legt anhand der anfallenden Kosten des Leasingguts sowie einer Risikoprämie (zum Beispiel für technologischen Verfall) und seines Gewinnaufschlags die monatliche Rate fest. Selbst wenn die Auslage von Kapital in Form von Zinskosten mit in die Leasingraten eingerechnet wird, kann der Vertrag noch der *Scharia* entsprechen. Die Leasingrate muss aber in diesem Falle final festgelegt sein, und eine verspätete Zahlung darf nicht durch Zinsaufschläge zu einem höheren Preis als anfänglich vereinbart führen. Eine Umbenennung dieses Postens ändert daran natürlich nichts. Das heißt, die periodische Zahlung soll die vom Leasinggeber übernommenen Leistungen vergüten, darf aber nicht zu einer Ratenzahlung mit integriertem Darlehensvertrag werden.[169] So besteht eine deutliche Nähe zwischen westlichen Leasingmodellen und *Idschara*. Selbst Kapitalkosten könnten also einbezogen sein, der finale Preis muss aber von Anfang an festgelegt sein und darf sich nicht durch Zins verändern. Die Einbeziehung der Finanzierungskosten des Anbieters widerspricht nicht dem Zinsverbot, da ein Händler die Wahl hat, ein Gut zu seinen Vorstellungen zu verleasen oder zu verkaufen, selbst wenn höhere Preise bei Ratenkauf im Gegensatz zum Barkauf Anwendung finden, abgesehen von den anderen Aspekten eines Leasingvertrages. Ein Mehrbetrag kann sich im Handel auch durch andere Präferenzen wie Sicherheit, Vertrauen und

---

[168] Eine umfassende Behandlung des Leasingbegriffs findet sich bei Busse, Franz-Joseph (1996), S. 428ff.
[169] Vgl. Mannan, Muhammad Abdul (1986), S. 222.

lokale Nähe begründen. Jedoch darf das Leasingkonstrukt keinem Kettenvertrag, wie bereits beschrieben, entsprechen.

Die bisher vorgestellten Wege zur Finanzierung decken die meisten Fälle von Finanzbedarf auf betriebswirtschaftlicher Ebene ab, es sollen jedoch im Folgenden zwei Sonderformen für geringeren Kapitalbedarf aufgeführt werden.

3.9. *Salam & Istisna* - Vorauszahlung und Werkvertrag

3.9.1. *Salam* - Vorauszahlung

Salam bedeutet sprachlich, eine Sache im Voraus zu bezahlen. Nach der *Scharia* wird der *Salam* als die Veräußerung einer Sache definiert, die bei der Vertragssitzung nicht gegenwärtig, somit nicht inspizierbar ist, aber die von den Vertragsparteien mit der Schuldverpflichtung zur jeweiligen Vertragserfüllung beschrieben wird.

Im Kapitel zum *Bay´*, dem Kaufgeschäft, wurde aufgeführt, dass für einen gültigen Kaufvertrag der Verkäufer eine nur tatsächlich existierende Ware, über die er die Verfügungsgewalt hat und deren rechtmäßiger Eigentümer er ist, verkaufen kann. Hierbei gibt es zwei Ausnahmen: *Salam* und *Istisna*. Insbesondere mit Rücksicht auf Bauern und kleinere Händler, die durch das Zinsverbot schwierig an bare Mittel kommen können, besteht für jene unter gewissen Auflagen die Möglichkeit, Waren oder eine Ernte zu verkaufen, obwohl sie diese noch nicht erwirtschaftet haben.[170] Im Falle von *Salam* könnte das folgendermaßen aussehen: Ein Bauer verkauft 500 kg Weizen für 500 Geldeinheiten, die er sofort erhält. Der Marktpreis läge allerdings bei 600 Geldeinheiten. Der Vorteil für den Bauern liegt darin, dass er nun mit diesen Mitteln den Weizen erwirtschaften kann. Der Vorteil für den Käufer liegt in dem günstigeren Preis. Kann die Lieferung allerdings aufgrund unvorhersehbarer Ereignisse nicht zum vereinbarten Zeitpunkt erfolgen, darf über die Dauer der Verspätung auch hier kein Zins erhoben werden.

---

[170] Vgl. Ucum, Ufuk (1998), S. 287.

Rechtliche Grundlage für diese spezielle Art der Verkaufsform stellt folgender *Hadith*, berichtet von Ibn Abbas (r), dar:

> Als der Prophet (s) nach Medina kam, stellte er fest, dass die Menschen dort die Fruchternte des nächsten und übernächsten Jahres bereits im Voraus verkauften. Der Gesandte Allahs (s) sagte: „Wer für eine Ware im Voraus bezahlt, der sollte es tun, für ein bestimmtes Maß und ein festgelegtes Gewicht, das zu einem festgelegten Termin geliefert werden soll."[171]

In einem anderen Fall könnten Güter mit dem im Vorhinein erhaltenen Geld exportiert und an ihrer Stelle andere Waren importiert werden, die dann der ursprüngliche Geldgeber als Gegenleistung für seine Vorauszahlung unter dem Marktpreis erhält. Als Geldanlage könnte dies von Banken praktiziert werden, die schon Interessenten für die zukünftig an sie gelieferte Waren ausfindig gemacht haben.[172] Deren Marge ist dann die Differenz zwischen dem Marktpreis und dem vorausbezahlten Betrag. Die Marge des Kapitalgebers liegt nicht im Zins, sondern im Handel mit dem durch seine Vorleistung günstig erworbenen Gut.

Was die rechtlichen Aspekte des *Salam* betrifft, sind diese in Analogie zum Kaufgeschäft zu sehen mit dem Unterschied, dass hier der Warenlieferung erst später nachgekommen wird und es kein Rückgaberecht gibt. Menge und Eigenschaft müssen hier natürlich besonders genau spezifiziert werden, da der Käufer bei Vertragsabschluss sonst nicht die nötige Transparenz über den Kaufgegenstand erhält.

3.9.2. *Istisna* - Werkvertrag

Der Werkvertrag kommt oft zum Tragen, zum Beispiel wenn der Schuster Schuhe oder der Schreiner Möbel fertigt. Es gehört zum Wesen des Werkvertrags, auch nach deutschem Recht, dass der Leistungserbringer etwas herstellt oder zumindest repariert und nicht wie beim Kaufvertrag ein Eigentum überträgt.

---

[171] Al-Buchari, Muslim.
[172] Vgl. Wienen, Ingmar (1999), S. 56.

Die Gelehrten mussten zunächst klären, ob *Istisna* ein atypischer Kaufvertrag im Sinne des *Bay´* (Kaufvertrags) bzw. ein Sonderfall des *Salam* (Vorauszahlung) ist, oder ob es sich um einen eigenen Vertragstyp handelt. Da der zu verkaufende Gegenstand zum Vertragszeitpunkt noch nicht existiert, unterblieb die Zuordnung zum *Bay´*, und die Mehrheit der Gelehrten, mit Ausnahme der hanafitischen Schule, fassen *Istisna* als Werkvertrag im weiteren Sinne auf.

Im Gegensatz zum *Salam* muss bei *Istisna* nach den Hanafiten nicht der gesamte Betrag im Voraus bezahlt werden, nach den restlichen Schulen schon. Der Lieferant fertigt ein gewünschtes Produkt aus eigenen oder eigens beschafften Materialien an. Der Vertrag bedarf hier der vielfach erwähnten Spezifizierungen und kann nur bis zum Beginn der physischen Arbeit aufgelöst werden.[173] Eine Ausnahme hierzu gilt wieder bei den Hanafiten, die diesen Vertrag eher als ein Versprechen statt als bindenden Vertrag sehen. Mit Rücksicht auf das Risiko des Herstellers im Falle nachträglicher Auflösung gilt dieser Vertrag nach den restlichen Schulen als bindend. Dies ähnelt dem Werkvertrag im deutschen Recht. Bedeutung kann diese Regelung beispielsweise im Hausbau oder im Investitionsgüterbereich erlangen. Der Lieferant darf durchaus Subverträge mit anderen Dienstleistern eingehen. Diese sind dann ebenfalls *Istisna*-Verträge.[174] So kann ein gewerblicher Bauherr das Zusammenspiel bei einem Hausbau durch andere Betriebe organisieren und an der Differenz zwischen seiner Vergütung durch den Auftraggeber und der Bezahlung für die Subunternehmer verdienen.

Nach der *Scharia* finden sich noch weitere Finanzierungsformen, Partnerschaftsverträge und Modifikationen der vorgestellten Verfahren. Die erwähnten jedoch entsprechen den typischen Sachverhalten im vorherrschenden Wirtschaftssystem und reichen aus, um die alternative Funktionsweise darzustellen oder Ableitungen zu ermöglichen. Von den Finanzierungsarten kommen wir nun zum Handel von Beteiligungen, zum Beispiel mittels einer Wertpapierbörse.

---

[173] Vgl. Usmani, Muhammad Taqi (2000), S. 195.
[174] Vgl. ebd., S. 199.

4. Börsenhandel nach der *Scharia*

Für die heutige Markt- und Volkswirtschaft scheint das Beteiligungs- und Kapitalbeschaffungsinstrument der Börse unerlässlich, besonders die Möglichkeit der Unternehmen, sich durch internationale Anleger Kapital zu verschaffen. Wie steht die *Scharia* zum Börsenhandel?

Die Börse als Handelsplatz an sich gehört nicht automatisch zu den für den Muslim untersagten wirtschaftlichen Schauplätzen. Sie ist keine eigene Beteiligungs- oder Finanzierungsform, sondern stellt eine internationale Plattform für den Handel mit Beteiligungen und für Spekulationen dar. Allerdings muss zwischen den diversen an der Börse getätigten Geschäften unterschieden werden. Betrachten wir nun die jeweiligen Gruppen der an der Börse gehandelten Wertpapiere.

Das Handelsverbot für Schuldverschreibungen ist relativ nahe liegend. Ali meint dazu:

> „There is an agreement on non-permissibility of bonds because they are claims of interest."[175]

> „Man ist sich über das Handelsverbot von Bonds (festverzinslichen Wertpapieren) einig, da diese Zinsforderungen darstellen."

Es wurde bereits festgestellt, dass eine *Muscharaka*-Beteiligung dem Besitz einer Aktie gleichkommt und diese Beteiligung auch gehandelt werden darf. Der Handel mit Aktien ist somit prinzipiell erlaubt. Diese stellen schließlich einen Anteil an einem Unternehmen dar und bergen somit Gewinnpotential und Verlustrisiko. Hier muss aber wie bei *Muscharaka* beachtet werden, dass das gehandelte Unternehmen keinem Verbot der *Scharia* unterliegt (siehe Kapitel II, Abschnitt 1). So dürfen zum Beispiel Aktien von Brauereien oder auch von Banken, deren Kerngeschäft im Zins liegt, nicht erworben oder gehandelt werden.

---

[175] Ali, Salman S.: Stock Market: An Islamic Perspective. In: Sahibzada, Mohibul Haq (Hrsg.): Emerging Role of Stock Markets in Pakistan Economy. Islamabad: Institute of Policy Studies, 1995, S. 69-81, S. 73.

Das Verbot des Glücksspiels im Islam gewinnt im Zusammenhang mit der Börse enorme Bedeutung. Im Islam ist jede Form des Glücksspiels verboten. Grund dafür ist die Verursachung sozialer Missstände.[176] So steht dazu im Koran in Sure 2, Vers 219:

> Sie fragen dich nach dem Wein und dem Glücksspiel. Sag: In beiden ist große mutwillige Sünde und Nutzen für die Menschen, und die mutwillige Sünde von beiden ist größer als ihr Nutzen (...).

Der Schaden, der durch Glückspiel entsteht (Verschuldung einer breiten Masse), steht also in keinem Verhältnis zu dem Nutzen, der dadurch aufkommt (Profit weniger Betreiber). Bei Beobachtung des Börsenhandels ist unschwer zu erkennen, dass nicht alle Teilnehmer eine Form der ernst gemeinten Investition anstreben, sondern nichts anderes tun als zu „pokern". Dieses Verhalten kann ebenso im Handel mit erlaubten Papieren verborgen sein, ist aber in jedem Fall unzulässig. Dieses Prinzip gilt natürlich auch für Devisenspekulationen. Grundsätzlich kann man folgern, dass das Wegfallen der glücksspielartigen Spekulation an der Börse insgesamt einen beruhigenden und auch sichernden Effekt auf die Finanzmärkte haben müsste. Eine genaue Analyse mit allen Auswirkungen bedürfte einer tiefer gehenden Betrachtung und ist Gegenstand zahlreicher Studien, die aber an dieser Stelle nicht weiter ausgeführt werden sollen.

Zu den Optionen[177]: Eine Call-Option ist der Kauf des Rechts, ein Wertpapier, eine Ware oder Leistung in der Zukunft zu *beziehen*, es aber jetzt zu bezahlen. Je nach Kursentwicklung wird dieses Recht eingelöst oder nicht. Eine Put-Option ist dagegen der Kauf des Rechts, ein Wertpapier, eine Ware oder Leistung in der Zukunft zu *verkaufen*, es aber jetzt zu bezahlen. Das Einlösen des Rechts hängt bei beiden Optionen von der Kursentwicklung ab. Es wird also kein direkter Wert gehandelt, sondern ein Recht auf einen Wert, wobei unsicher ist, wie dieser sich bis zur möglichen Ausübung entwickeln wird. Die absolute Mehrheit der muslimischen Ökonomen ist der übereinstimmenden Meinung,

---

[176] Vgl. Qaradawi, Jusuf Al- (1998), S. 257.
[177] Ein Überblick über den Handel mit Optionen findet sich bei Busse, Franz-Joseph (1996), S. 196ff.

dass diese Form des Börsenhandels nicht erlaubt ist, da neben dem spekulativen Aspekt Werte ohne deren tatsächlichen Besitz gehandelt werden.[178] Auch so genannte Indexfonds (wie z.b. für einen bestimmten Rohstoffindex), die darauf ausgerichtet sind, das Wertpapier-Portfolio des Indexes, an den sie sich anlehnen, nach Art und Gewichtung abzubilden, sind kritisch zu betrachten. Diese Abbildung des Indexes geschieht oft durch den Einsatz von Optionen. In diesem Fall wären sie aus demselben Grund wie der Optionshandel unzulässig. Erfolgt die Abbildung aber durch Aktien, also reale Beteiligungen an den entsprechenden Unternehmen, sind sie zulässig.

Der Handel mit Futures und Warentermingeschäften, ein Geschäft, bei dem man sich oder den Gegenpart zu einer Lieferung oder Leistung in der Zukunft verpflichtet, aber die Höhe des Wertes zum Erfüllungszeitpunkt noch nicht bekannt ist, sei mitunter nach Khan nicht erlaubt, da der Handelsgegenstand zum Abschlusszeitpunkt nur fiktiv ist, was gegen die in Kapitel III, Abschnitt 1.3, genannten Voraussetzungen für das Verkaufsobjekt verstößt.[179] Somit sind auch alle Formen der Leerverkäufe, also der Handel mit Wertpapieren, die man nur fiktiv besitzt, untersagt.

Selbst durch den Wegfall des Handels mit einzelnen Wertpapierarten ist die Spekulation mit erlaubten Aktien aber immer noch möglich. Die Spekulation kann allerdings durch weitere Regularien, wie ein zeitliches Minimum, für das die entsprechenden Wertpapiere gehalten werden müssen, eingeschränkt werden. Insgesamt würden die durch die *Scharia* bedingten Auflagen die starken und risikobehafteten Schwankungen an den Finanzmärkten positiv beeinflussen. Finanzkonstruktionen wie zum Beispiel Hedge-Fonds[180], die bereits Hunderttausenden Privatanlegern und ganzen Volkswirtschaften schweren Schaden zugefügt haben, wären nach der *Scharia* gänzlich verboten.

---

[178] Vgl. Ali, Salman S. (1995), S. 75.
[179] Vgl. Khan, Muhammad Akram: Commodity Exchange and Stock Exchange in an Islamic Economy. In: Journal of Islamic Economics, Vol. 1, Nr. 2, 1988, S. 31-55, S. 40.
[180] Hedge-Fonds unterliegen oft keiner Form von Finanzaufsicht und erzielen ihre Wirkung meist durch den Einsatz von Optionen. Diese werden zusätzlich beliehen, wodurch enorme Geldsummen zum Einsatz kommen und dementsprechend starke Reaktionen an den Finanzmärkten ausgelöst werden.

Gerade in den letzten Jahren konnte beobachtet werden, dass insbesondere die westlichen Banken die Zielgruppe Muslime ins Auge gefasst haben und einige *scharia*konforme Investmentfonds aufgelegt haben. Diese berücksichtigen die diskutierten Auflagen, und die Fonds werden diesbezüglich von einem *Scharia*-Supervisory-Board überwacht. Inwiefern so ein Fond dann tatsächlich den Anforderungen der islamischen Wirtschaftslehre entspricht, hängt von den vorausgesetzten Kriterien und deren Einhaltung ab. So gibt es auch eine Reihe von Indizes, die die unterschiedlichen Unternehmen auf Eignung zum Investment für Muslime überprüfen. Allein Dow Jones definiert acht Islamic Market Indexes.[181] Ferner gibt es die FTSE Global Islamic Index Series (GIIS), zu der vier Indizes mit Berücksichtigung islamischer Werte gehören.[182] Die Anlage nach solchen Kriterien ähnelt vom Grundgedanken her der Anlage in Sozial- oder Umweltfonds mit dem Unterschied, dass der subjektive Wert für einen Muslim in der Erfüllung seiner religiösen Pflichten liegt.

Insgesamt kann festgehalten werden, dass der Handel mit realen Werten wie die Beteiligung an Firmen, deren Geschäftstätigkeiten dem Islam nicht widersprechen, im Einklang mit der *Scharia* steht, und zwar unabhängig davon, ob diese nun über die Börse oder über andere Handelsplattformen gehandelt werden.

5. Das Versicherungswesen im Islam

Nachdem bereits Finanzierungsformen erörtert wurden und im folgenden Kapitel eine institutionelle Betrachtung in Bezug auf das Bankwesen erfolgt, soll hier noch das Thema Versicherungen nach der *Scharia* Aufmerksamkeit finden.

5.1. Versicherungen aus islamischer Sicht

In der islamischen Literatur erscheint das Versicherungswesen teilweise in einem negativen Licht. Als Begründung wird die Nähe zu Zins und Glücksspiel, hier in Form von Vertragsabkommen mit unsicherem Ausgang, ange-

---

[181] Vgl. Dow Jones Indexes (o.V.): Islamic Market Indexes. Online unter http://www.djindexes.com/ - Stichwort: *islamic* (5.4.2006).
[182] Vgl. FTSE (o.V.): FTSE Global Islamic Index Series. Online unter http://www.ftse.com/ - Stichwort: *islamic* (5.4.2006).

führt.[183] Unter diesen zwei Aspekten soll die Versicherung auf ihre Vereinbarkeit mit den islamischen Prinzipien geprüft werden.

In der heutigen Ausprägung der wirtschaftlichen Aktivitäten lässt sich unschwer beobachten, dass Versicherungen, ähnlich wie Banken, ein fester und essentieller Bestandteil unseres wirtschaftlichen Lebens geworden sind. Das Wesen der Versicherung liegt im Zusammenschluss mehrerer Individuen, die durch dasselbe Risiko bedroht werden und in einen gemeinsamen Pool Prämien einzahlen. Aus diesem Pool kann dann der Schadensfall eines Einzelnen kompensiert werden. Diese Vorgehensweise beruht auf dem Gesetz der großen Zahl, durch das sich die Prämien in ihrer Höhe durch die Eintrittswahrscheinlichkeit des Schadens bestimmen lassen. Siddiqi sieht die Versicherung im Allgemeinen als positiv und wirtschaftlich wertvoll für eine Gemeinschaft an. Durch diese würden wirtschaftliche Unterfangen gefördert, indem für Einzelne untragbare Risiken von einem Kollektiv abgefangen werden.[184] Die Abgrenzung zum Glücksspiel besteht in der Motivation des Teilnehmers und der möglichen Vermögensmehrung.

Im Gegensatz zum Glücksspiel ist die Motivation eines Versicherungsnehmers das Investment in Absicherung. Selbst bei einer Auszahlung im Schadensfall wird er im Gegensatz zum Glücksspieler nicht wohlhabender, sondern seine vorherige wirtschaftliche Situation wird wieder hergestellt. Somit ist der bezahlte Einsatz einer Versicherungsprämie nicht als Verlust (wie beim Glücksspiel), sondern als Aufwand für eine Absicherung zu sehen.[185] Ferner kann man beobachten, dass Versicherungen eine durchaus positive Rolle für eine Gemeinschaft übernehmen können, was beim Glücksspiel nicht der Fall ist.

Durch das bekannte Zinsverbot im Islam ist es offensichtlich, dass Zins nicht in Elementen der Versicherung enthalten sein darf. Dies ist bei obiger Definition der Versicherung auch nicht der Fall. Eine kapitalbildende Lebensversicherung nach westlichem Standard würde aber definitiv unter das Zinsverbot fallen, da es sich hier um eine Kombination aus fester Verzinsung und Risiko-

---

[183] Vgl. Ahmad, Khurshid: Foreword. In: Siddiqi, Muhammad Nejatullah: Insurance in an Islamic Economy. 2. Aufl., Leicester: The Islamic Foundation, 1987, S. 5-6, S.5.
[184] Vgl. Siddiqi, Muhammad Nejatullah (1987), S. 22.
[185] Vgl. ebd., S. 28f.

Versicherung handelt.[186] Weiter würde eine Anlage mit fester Verzinsung der bei der Versicherung zusammenfließenden Mittel, wie dies bei westlichen Versicherungen üblich ist, gegen die *Scharia* verstoßen. Im Islam müssten die Versicherungsunternehmen ihre Gelder in zinsfreie Investitionsalternativen anlegen.

Die Versicherung kann einen nützlichen Beitrag zum Wirtschaften der Gemeinschaft darstellen, ohne dass die Auflagen des Islam verletzt werden müssen. Wie erörtert, ist hierfür Voraussetzung, dass der Abschluss nicht von Zins- oder Glücksspielcharakter geprägt ist. Auch dürfen die in den vorigen Kapiteln erwähnten Prinzipien wie Vertragsklarheit und das Verbot des Missbrauchs von einer Monopolstellung nicht verletzt werden. Siddiqi spricht sich dafür aus, dass - im Gegensatz zum westlichen Modell - ein bedeutender Teil des Versicherungswesens in den Händen des Staates liegen sollte, an dem es läge, die soziale und wirtschaftliche Sicherheit der Bürger zu gewährleisten. Außerdem seien so, im Idealfall, die Interessen der breiten Masse gesichert, und die Profitmaximierung einer privaten Unternehmung stünde nicht im Vordergrund.[187]

Bei den privaten Versicherungen wäre die Form, in der die Versicherungsnehmer Teilhaber an der Versicherung sind, die positivste. Das Zahlen der Prämie wäre eine Form der Unternehmensbeteiligung. Hier ständen dann tatsächlich der reine Schutz und die gegenseitige Absicherung im Vordergrund.[188]

Auch nach Qaradawi ist die Versicherung nicht prinzipiell abzulehnen, aber die im Westen vorkommenden Formen der Versicherung müssten zunächst modifiziert werden, um sie mit der *Scharia* in Einklang zu bringen. Qaradawi stellt sich eine Versicherung als Kooperationsform vor, in der die Versicherten ihre Prämien als Spende gegen Schutz entrichten, ohne dass der genaue Betrag im Schadensfall von vornherein festgelegt ist. Die Prämie würde sozusagen aus Brüderlichkeit und für den gegenseitigen Schutz bezahlt.[189]

Der Muslim muss folglich die einzelnen Bestandteile einer Versicherung genau prüfen, um zu erkennen, ob diese mit den Grundsätzen seiner Überzeugung und der *Scharia* harmonieren.

---

[186] Näheres zur Lebensversicherung findet sich bei Busse, Franz-Joseph (1996), S. 237f.
[187] Vgl. Siddiqi, Muhammad Nejatullah (1987), S. 36.
[188] Vgl. ebd., S. 53f.
[189] Vgl. Qaradawi, Jusuf Al- (1998), S. 34f.

Es handelt sich also bei der Frage nach der Zulässigkeit von Versicherungen in der *Scharia* um eine wichtige zeitgenössische Frage, über die nicht unter allen Gelehrten Konsens besteht. Befürworter und Gegner lieferten in der Vergangenheit und in der Gegenwart hierfür Argumente, die die rechtliche Stellung der Versicherung aus ihrer jeweiligen Sicht untermauern. Es soll folgend ein Einblick in den Diskurs der Gelehrten gegeben werden. Hierbei geht es insbesondere um die Herangehensweise und Methodik, nicht um die vollständige Auflistung sämtlicher Meinungen und Analogien.

5.2. Islamische Bewertungen der Versicherung

Der Versicherungsvertrag ist ein gegenseitiger Austauschvertrag. Der Versicherer verpflichtet sich zur Risikoübernahme gegen Entgelt bei Eintreten bestimmter Ereignisse. Der Versicherte entrichtet dafür eine Versicherungsprämie. Der Versicherungsvertrag lässt sich im Wesentlichen als eine weitere Form des Austauschvertrages mit folgenden Besonderheiten charakterisieren:

- Gegenseitige Einverständniserklärung
- Bindende Leistungsverpflichtung für beide Parteien
- Leistungsverpflichtung erst nach Verstreichen einer bestimmten Frist oder bei Ereigniseintritt
- Vertragsabkommen auf Basis von Statistik und Wahrscheinlichkeitsrechnung

Man kann grundsätzlich zwischen kommerziellen und genossenschaftlichen Versicherungen unterscheiden, die hier nacheinander angesprochen werden.

5.2.1. Bewertung von kommerziellen Versicherungen

Folgende Argumente führen die Gelehrten gegen kommerzielle Versicherungen an:

Risikocharakter

Die Versicherung beinhaltet ein offenkundiges Risiko (arabisch *Gharar*) und die Unkenntnis (arabisch *Dschahala*) über Art und Umfang des Vertragsobjekts.

Beim Kaufgeschäft wurde bereits betont, wie wichtig es ist, dass Konditionen und Bedingungen des Geschäfts für alle beteiligten Parteien transparent sind. Dies ist bei einem kommerziellen Versicherungsvertrag nicht der Fall. Weder weiß der Versicherungsnehmer, ob und wann er welchen Betrag erhält, noch der Versicherer, wann und ob er wie viel an Versicherungssumme gewähren muss. Dies beinhaltet für beide ein offenkundiges Risiko. Ferner ist die genaue Summe des Vertragsgegenstands nicht explizit spezifiziert, was zumindest beim Kaufgeschäft nicht zulässig ist. Die mangelnde Transparenz und ungenügende Festlegung über den künftigen Verlauf bei einem Versicherungsvorhaben, wodurch fast immer einer der Partner schlechter gestellt wird als der andere, liegt in der Natur der Sache, ist aber zugleich einer der Hauptkritikpunkte an kommerziellen Versicherungen.

Glücksspielcharakter (Muqamara) oder Wette

Glücksspiel jeglicher Art ist im Islam verboten:

> Ihr, welche die Gewissheit verinnerlicht haben, der Wein und das Glücksspiel und die Götzenopfersteine und die Lospfeile sind ja eine Grässlichkeit vom Werk des Teufels, also haltet euch fern davon, damit es euch vielleicht wohl ergeht. (Sure 5, Vers 90).

Es herrscht Uneinigkeit, ob und wenn inwiefern Versicherungen Glücksspielcharakter haben. Dies könnte der Fall sein, wenn der Versicherer übervorteilt wird, indem er nur wenig an Versicherungsprämie erhält, aber eine hohe Entschädigung leisten muss. Der Versicherte müsste durch dieses Geschäft letztendlich auf jeden Fall finanziell besser gestellt sein als zuvor, ansonsten würde sein Glücksspiel keinen Sinn ergeben.

Zins-Charakter

Wird dem Versicherten seine Ratenleistung durch irgendeinen Zuwachs rückvergütet, für die er außer der Einzahlung selbst keine Leistung erbrachte und die womöglich garantiert war, handelt es sich um Zins. Allerdings muss eine Überschussauszahlung nicht immer mit Zins gleichzusetzen sein.

Die folgenden Argumente sprechen hingegen für die Unbedenklichkeit kommerzieller Versicherungen:

Grundsatz der rechtlichen Unbedenklichkeit (Ibaha)

Nach dieser Generalklausel gilt, dass alle Handlungen des Menschen zulässig (arabisch *mubah*) sind, solange die *Scharia* ihrerseits keine Einschränkung oder kein Verbot ausspricht. Übertragen auf die islamischen Vertragstypen bedeutet dies, dass alle historischen, gegenwärtigen und zukünftig neu auftretenden Vertragstypen zulässig (*mubah*) sind, solange sie in ihren Hauptbestandteilen gegen keinen Grundsatz der *Scharia* verstoßen. Sofern also die oben aufgeführten Gegenargumente widerlegt werden können, stellt auch der moderne Versicherungsvertrag keinen Widerspruch zur *Scharia* dar.

Der positive Aspekt für die Gemeinschaft (Maslaha)

Das Versicherungssystem bezweckt in seinem Wesen die Schaffung von Sicherheit vor den Folgen einer Gefahr. So ist der Versicherungsnehmer teilweise vor materiellem Schaden geschützt, der den eigenen Ruin und den seiner Familie bedeuten könnte. Durch eine Form der Absicherung ist es für eine Gemeinschaft auch einfacher zu wachsen und größere wirtschaftliche Unterfangen zu realisieren, da Risiko abgesichert oder auf eine größere Anzahl von Betroffenen verteilt werden kann.

Neben der Versicherung gibt es im Islam zwei gesellschaftliche Sicherheitsfonds, die aber eher komplementär zum Versicherungswesen zu sehen sind, sich mit diesem aber gut ergänzen können. Zum einen sind dies das *Baitu-l-Mal*, die Staatskasse, und das *Zakat*-System (vorgeschriebene Sozialabgaben), welches bereits besprochen wurde. Folgender Ausspruch verdeutlicht die Verantwortung des Staates, seinerzeit verkörpert durch den Propheten Muhammad (s):

> „Ich stehe jedem Muslim näher als er selbst. Hinterlässt er Vermögen, gilt es für seine Hinterbliebenen, und hinterlässt er eine Schuld oder eine Familie mit kleinen Kindern, dann hinterlässt er dies mir, und es obliegt meiner Zuständigkeit."[190]

---

[190] Al-Buchari, Muslim.

Not bricht Gebot

Dieser Grundsatz gilt nur für tatsächliche, existenzielle Notfälle und soll verhindern, dem Menschen eine Bürde aufzuerlegen, die er nicht tragen kann. So ist zum Beispiel einem Muslim, der im Begriff ist zu verhungern, der Konsum von Schweinefleisch, sofern nichts anderes ihn retten kann, erlaubt. Dementsprechend wäre eine Versicherung zur Wahrung der eigenen Existenz oder zur Abwendung von untragbaren Ereignissen zulässig. Dies erstreckt sich auch auf Umstände, die das Leben nahezu unerträglich machen würden.

Analogieschluss aus anderen Vertragsverhältnissen

Für die Versicherungen werden zahlreiche Analogien anderer Vertrags- oder Schutzverhältnisse angeführt, wovon manche relativ ähnlich sind, andere wiederum nur in sehr abstrakter Form mit einer Versicherung in Verbindung gebracht werden können. Hierzu gehören zum Beispiel das gemeinsame Tragen von finanziellen Verpflichtungen bei Eintreten besonderer Notfälle (*Wala`u-l-Muwalaat*), das bindende Versprechen (*Wa`d*), die Beauftragung eines Maklers (*Mudaraba*), die Bürgschaft (*Kafala*), die Haftung für Gefahren des Weges (*Daman* und *´Aqila*), Treuhandverträge (*´Aqdu-l-Hirasa*) und das staatliche Rentensystem. Im Diskurs zu diesen Analogien werden von Gegnern und Befürwortern sämtliche relevanten Aspekte gegeneinander abgewogen. Die Haltung der Gelehrten unterscheidet sich teilweise auch innerhalb der verschiedenen Schulen, daher wird hier nicht auf alle Details eingegangen.

5.2.2. Bewertung von genossenschaftlichen Versicherungen

Im Gegensatz zur Diskussion über kommerzielle Versicherungen werden die genossenschaftlichen Versicherungen grundsätzlich als zulässig eingestuft.

Bei dieser Form zahlt eine Gruppe von Personen anhand verschiedener möglicher Systeme in einen staatlichen, genossenschaftlichen oder von den Teilnehmern selbst verwalteten Pool ein. Es gibt keinen wirtschaftlichen Nutznießer, und der gesammelte Finanzpool dient ausschließlich der Sicherung eines in Bedrängnis geratenen Mitglieds. Nach diesem Muster verfahren zum Beispiel Kfz-Versicherungen in einzelnen nordeuropäischen Ländern mit dem Effekt, dass die bezahlten Beiträge deutlich günstiger sind als vergleichbare kommerzielle Versicherungen, da der Gewinn einer Versicherungsgesellschaft nicht mitfinanziert werden muss. Die genossenschaftliche Versicherung wird als positive Alternative zur kommerziellen Versicherung betrachtet. Für ihre Unbedenklichkeit wird folgendermaßen argumentiert:

1. Die genossenschaftliche Versicherung gehört zu den einseitig verpflichtenden Verträgen, die rein auf gegenseitiger Hilfe gegen die vielfältigen Risiken und der gemeinsamen Übernahme der Verantwortung bei Eintritt von Unglücksfällen basiert. Es besteht kein finanzielles Interesse der Beteiligten, sich durch die Versicherung zu bereichern.

2. Die genossenschaftliche Versicherung ist zulässig, muss dabei aber frei von jeglichen Zinskomponenten sein. Die Einnahmen können investiert werden, aber nicht in Zinsgeschäfte.

3. Es dürfen keine Unsicherheit bezüglich der Beiträge und möglicher Zahlungen sowie kein Glücksspielcharakter vorliegen.

Nach dem Versicherungswesen soll in der volkswirtschaftlichen Betrachtung in Kapitel IV über die Funktion des Zinses in einer Volkswirtschaft, den Staatshaushalt, das Bankwesen und über geld- und fiskalpolitische Mechanismen gesprochen werden.

IV. Eine volkswirtschaftliche Betrachtung

In diesem Kapitel werden nur jene volkswirtschaftlich relevanten Bereiche angesprochen, in denen sich das islamische Wirtschaftssystem vom kapitalistischen durch die Zinslosigkeit unterscheidet. Untersucht wird eine der Volkswirtschaft zuträgliche Verteilung der monetären Ressourcen ohne den Zins. Außerdem werden Möglichkeiten von Staat und Zentralbank erläutert, ohne die Zinsschraube wirtschaftspolitisch einzugreifen. Letztlich muss auch die Ausprägung der Geschäftsbanken als attraktiver Ort für Spareinlagen der Privathaushalte untersucht werden, da ohne deren Mittel ein großer Teil der Unternehmer nicht das benötigte Kapital erhalten könnte.

1. Zins zur Allokation von Ressourcen

Im vorherrschenden Wirtschaftssystem ist der Zins der Preis des Geldes. Somit unterliegt das Geld demselben Marktmechanismus wie Güter und Dienstleistungen, deren Preis sich durch Angebot und Nachfrage bestimmt. Die Zuteilung der knappen Ressource Geld zwischen unendlichen Nachfragern erfolgt also nach dem Prinzip der Zuschlagserteilung für den, der in der Lage ist, den aktuellen Preis (Zinssatz) zu zahlen. Es stellt sich die Frage, ob diese Art von Allokation durch andere Wirkungsweisen ersetzt und wie das Kapital im islamischen Wirtschaftssystem, in dem der Zins als Preis fehlt, den Nachfragern entsprechend zugeteilt werden kann.

Auch im islamischen Wirtschaftssystem *kann* das Geld einen Preis haben, aber eben keinen von Anfang an zugesicherten. Hier handelt es sich - anstatt des fest vereinbarten Zinses - um die Beteiligung am Gewinn, die der Kapitalnehmer dem Kapitalgeber abzuführen hat. Ersetzen wir nun das Wort Zins durch Gewinnbeteiligungsrate im Sinne der *Scharia*. Die Gewinnbeteiligungsrate ist der „Preis", den der Kapitalnehmer bereit ist zu zahlen oder von seinen Gewinnen abzugeben, um an das benötigte Fremdkapital zu gelangen. Das heißt, bei hoher Nachfrage nach der knappen Ressource Kapital (beispielsweise in einer Boomphase) würde der Preis in der Form steigen, dass sich die Geldgeber unter den vielen Nachfragern diejenigen auswählen, bei denen unter der Kombination von Gewinnbeteiligungsrate und zu erwartenden Gewinnen die beste Aussicht auf hohe Mittelrückflüsse bestände.[191] Die Gewinnbeteiligungsrate ist natürlich im Negativfall eine Verlustbeteiligungsrate, sonst würde es sich ja um Zins handeln.

Die Funktion eines Preises zur Allokation ist im islamischen System also ebenfalls gegeben, da die Gewinnbeteiligungsrate dynamisch ist und sich dem Bedarf und der Verfügbarkeit von Kapital anpasst. Mithilfe einer genauen Evaluierung des zu finanzierenden Projekts auf seine Erfolgsaussichten vonseiten des Kapitalnehmers und -gebers, die durch die Risikoteilung veranlasst ist, sollte insgesamt gesehen eine sehr gesunde Zuteilung der Ressourcen für eine Volkswirtschaft entstehen. Chapra schreibt über die beidseitige Prüfung des Engagements:

> „Because of the two-sided evaluation of projects, the rate of profit in the Islamic system should be a more efficient mechanism for allocation of resources than interest can ever be in the capitalist system."[192]

> „Durch die zweiseitige Evaluierung von Projekten sollte die Gewinnbeteiligungsrate im islamischen System ein wirkungsvollerer Mechanismus zur Allokation von Ressourcen sein als der Zins im kapitalistischen System je sein kann."

Im Zinssystem ist ferner zu beobachten, dass Geldnehmer mit höherer Kreditwürdigkeit, meist aufgrund ihrer Größe, billiger an Kapital kommen als kleinere Unternehmen, völlig unabhängig von ihrer Produktivität. In diesem Fall erhält also nicht derjenige das Geld, der durch die höchste Produktivität auch am stärksten zur Volkswirtschaft beitragen würde. Damit sind die Banken durch die bedenkenlose Vergabe von Krediten an Großunternehmen im Zinssystem wesentlich an der Konzentrationsentwicklung von Kapital und Vermögen beteiligt. Durch die einfache Fremdkapitalaufnahme in Form von Darlehen sind diese Unternehmen viel weniger darauf angewiesen, ihren Reichtum in Form von Beteiligungen gegen Kapital mit anderen zu teilen. Durch die Gewinnbeteiligung jedoch würde das Geld nicht nur gerechter zugeteilt, sondern

---

[191] Vgl. Khan, Shahrukh Rafi: Profit and Loss Sharing. An Islamic Experiment in Finance and Banking. Karachi u.a.: Oxford University Press, 1987, S. 107.
[192] Chapra, Muhammad Umer (1985), S. 108.

die Kapitaleigentümer würden auch stärker zu profitablem Handeln angehalten, da nur so eine Chance zur Erlangung von Fremdkapital gegeben wäre.[193] Profitables Handeln ist natürlich im Rahmen der von der *Scharia* vorgegebenen Sorgfaltspflichten gegenüber den Arbeitnehmern zu verstehen. Wirtschaftlich aussichtslose Unterfangen hätten ohne eine feste Zusicherung auf Zinszahlung wenig Chancen auf Finanzierung, was den Betreibern sogar zugute kommen könnte. Ali betont, dass ein ohne Zins funktionierendes System in Krisenzeiten weniger störanfällig sei. Er erklärt dies anhand der Reaktion der Banken im Zinssystem, die im Krisenfall weniger Darlehen vergeben beziehungsweise, falls vertraglich möglich, diese teilweise kündigen würden. Gleichzeitig würden die Zinsen angehoben. Nach Ali wäre die Folge Instabilität, die bei Einlagen der Sparer in Form von Beteiligungen nicht eintreten würde. Hier würden die Anleger variabel an dem sich verändernden Umfeld partizipieren. Die Bank wäre im zinsfreien System nicht gezwungen, ihre Verbindlichkeiten gegenüber den Anlegern in gleichem Maße umzuschichten wie im Zinssystem, da die Anleger den konjunkturellen Wandel mittragen würden. Wenn die Sparer jedoch losgelöst von der konjunkturellen Lage feste Zinszuwendungen durch die Bank bezögen, wären die Banken zu stärkeren Reaktionen gezwungen.[194]

Neben dem wichtigen Punkt einer sinnvollen Mittelzuteilung macht der Staat von verschiedenen Instrumenten Gebrauch, um steuernd in das Wirtschaftsgeschehen einzugreifen.

2. Fiskalpolitik

Um gewünschte Anpassungen der Gesamtwirtschaft zu erreichen, stehen dem Staat volkswirtschaftliche Maßnahmen zur Verfügung. Unter den Wirtschaftstheoretikern werden die verschiedenen Wirkungsweisen stark diskutiert, und man kann eher von Modellbetrachtungen sprechen, deren Erfolgswirkung nicht immer direkt und genau zu messen ist. Zu den wichtigsten Instrumentarien gehört die Geld- und Fiskalpolitik. Die Fiskalpolitik als aktive wirtschafts-

---

[193] Vgl. ebd., S. 109f.
[194] Vgl. Ali, Syed Ahmad: Social and Economic Aspects of the Islam of Mohammad. Lewiston, Queenston, Lampeter: Edwin Mellen Press, 1993, S. 136.

politische Maßnahme wird von den Keynesianern[195] als wichtigstes Instrument angesehen und soll durch gezielt getätigte Staatsausgaben die Konjunktur beleben, wie beispielsweise durch künstlich herbeigeführte Arbeitsbeschaffungsprogramme.[196] Dieses Instrument sollte antizyklisch in konjunkturellen Schwächephasen eingesetzt werden.[197] Prinzipiell kann dies unabhängig von der Existenz des Zinses geschehen, es kann also auch in einem islamischen Modell angewendet werden. Idealerweise werden solche Ausgaben durch Rücklagen, die während besserer Zeiten (in Boomphasen) gebildet wurden, finanziert. War dies nicht der Fall, stellt sich die Frage, woher der Staat diese Gelder nehmen soll, wenn ihm aufgrund des Zinsverbots zum Beispiel die Ausgabe von festverzinslichen Staatsanleihen zur Mittelbeschaffung unmöglich ist. In welcher Form und vor allem zu welcher Gegenleistung könnte die Zentralbank dem Staat Geld zur Verfügung stellen? Dies grenzt an die Frage, wie generell Defizite im Staatshaushalt gedeckt werden sollen, was später separat behandelt wird. Grundsätzlich lässt sich jedoch feststellen, dass der Staat, falls er keine Rücklagen gebildet hat, im islamischen Wirtschaftssystem schwieriger an Fremdmittel zur Finanzierung der Fiskalpolitik kommen kann. Auch in westlichen Systemen lässt sich beobachten, dass insbesondere aufgrund des Kurzzeitdenkens der Parteien, die unter ständigem Wahlkampfdruck stehen, Rücklagen eine seltene Ausnahme bilden und Konjunkturförderprogramme meist durch weitere Staatsverschuldung finanziert werden. Fragwürdig scheint, ob das Wirtschaftssystem durch solch eine zeitliche Verlagerung der Problematik besser gestellt ist, oder ob das Schließen der Hintertür der Finanzierung durch Verschuldung nicht doch zu einem nachhaltigeren Wirtschaften anhalten kann.

Ein volkswirtschaftlich schädlicher „crowding out"-Effekt[198] im Zinssystem, also die Verdrängung privater Investoren dadurch, dass der Zins durch den staatlichen Finanzbedarf steigt, dürfte im zinslosen System schwächer ausfallen, wenn nicht sogar ausbleiben, da sich hier kein Marktzins erhöhen kann, wenn sich der Staat Fremdmittel beschafft. Das auf dem Markt zur Verfügung

---

[195] Keynesianer sind Befürworter der Theorie von Keynes, dass der Staat durch antizyklische Investitionsprogramme Konjunkturschwankungen ausgleichen kann.
[196] Vgl. Dorn, Dietmar / Fischbach, Rainer: Volkswirtschaftslehre II. Volkswirtschaftstheorie und -politik. 3., überarb. Aufl., München, Wien: Oldenbourg, 1999, S. 81.
[197] Vgl. ebd., S. 78f.
[198] Begriffsdefinition siehe ebd., S. 79f.

stehende Kapital ist dennoch nicht unbegrenzt. Unternehmer müssen eventuell aufgrund der Knappheit von Kapital dem Geldgeber einen größeren Gewinnanteil überlassen, werden aber nicht von einem zu hohen Preis für benötigtes Kapital, den sie nicht zahlen können, an ihren Unterfangen gehindert.

Trotz des Bemühens, positiv einzugreifen, kann der Staat konjunkturpolitische Ziele verfehlen, oder der gewünschte Effekt tritt erst verspätet ein. Auf welche Weise in einem solchen Fall eine Schwächephase im Haushalt zu überbrücken ist, zeigt das nächste Kapitel.

3. Finanzierung von Staatshaushaltsdefiziten

Unzählige Situationen können den Staat in die missliche Lage bringen, dass er seine anfallenden Ausgaben nicht durch seine Einnahmen decken kann. Im Zinssystem hat der Staat die Möglichkeit, sich zum Beispiel über seine eigene Bevölkerung, Privathaushalte wie Unternehmen, durch die Ausgabe von festverzinslichen Staatsanleihen zu refinanzieren. Eine andere Möglichkeit wäre die Aufnahme eines Kredits bei in- oder ausländischen Banken.

Diese Option ist in einem idealen islamischen Staats- und Bankwesen nicht gegeben.[199] Hier ist der Staat gezwungen, seine Ausgaben in Fällen der Knappheit so einzuschränken und auf Zweckmäßigkeit zu überprüfen, dass er mit seinen Einnahmen die anfallenden Ausgaben decken kann. Hiermit wird meist auch eine kritische Prüfung eines angemessenen und funktionierenden Staatsapparats und Steuersystems einhergehen müssen.

Chapra unterteilt die Staatsausgaben in drei Kategorien: „... (a) normal recurring expenditures, (b) project expenditures, (c) emergency expenditures."[200] Die gängigen Ausgaben und Investitionen, die nicht in Form von handelbaren Beteiligungen finanziert werden können (a), was Privatisierung bedeutet, müssen durch Steuereinnahmen gedeckt werden. Bei den Aufwendungen für soziale Hilfe stellt die *Zakat* eine zusätzliche Einnahmequelle dar (siehe Kapitel II, Abschnitt 9). Ausgaben für zusätzliche, nicht lebensnotwendige Projekte zugunsten der Allgemeinheit (b) können zwar durch staatliche Initiativen ins Leben gerufen werden, sollen aber durch den Verkauf von Beteiligungen an solchen

---

[199] Vgl. Iqbal, Zubair / Mirakhor, Abbas (1987), S. 8.
[200] Chapra, Muhammad Umer (1985), S. 199.

Projekten an Finanzinstitutionen oder an private Kleininvestoren gedeckt werden.

Im Falle einer Notsituation, von deren Ausmaß der Staat insgesamt betroffen ist, wie zum Beispiel im Krieg oder bei Naturkatastrophen, können benötigte Mittel (c) durch im extremen Fall zwangsweise zur Verfügung zu stellende zinslose Darlehen beschafft werden. In diesen Fällen wird es als legitim erachtet, dass alle Teile der Gesellschaft gewisse Opfer aufbringen müssen.[201] Chapra wertet das Fehlen der Finanzierung durch Staatsverschuldung wie folgt:

> „The non-availability of dept-financing for such purposes should be a hidden blessing and should help introduce the needed discipline in government spending, the realization of which is frustrated by easy access to interest-based finance."[202]

> „Die Nichtverfügbarkeit von Zinskrediten sollte ein versteckter Segen sein und die benötigte Disziplin in Sachen Staatsausgaben einführen, deren Umsetzung durch das einfache Zurückgreifen auf Zinskredite zunichte gemacht wird."

Im islamischen System kann der Staat nur schwer über den zur Verfügung stehenden Haushalt hinaus Ausgaben tätigen, abgesehen von Vorkehrungen für Notsituationen. Die dadurch entstehende Auflage zur Ausgabendisziplin verhindert aber ebenso ein Abrutschen in die Schuldenfalle und sichert nachhaltig, dass finanzielle Probleme in die Zukunft verlagert und dann durch anfallende Zinszahlungen noch vergrößert werden.

Nach der Betrachtung des Staatshaushalts soll nun, ob staatlich oder privat, eine mögliche Form des Bankwesens aufgezeigt werden.

---

[201] Vgl. ebd., S. 193.
[202] Ebd., S. 192.

4. Das Bankwesen

4.1. Die Zentralbank

So stark wie vielleicht erwartet müsste das Bankwesen im Islam nicht vom zurzeit vorherrschenden System differieren. Jedoch würden aufgrund des Zinsverbots einige der gewohnten Instrumentarien wegfallen, und bestehende Mechanismen müssten teils anders genutzt werden. Wie im westlichen System wäre die Zentralbank staatlich und für die innere und äußere Stabilität zuständig, indem sie Bargeldumlauf, Kreditversorgung und die Abwicklung des Zahlungsverkehrs organisiert. Sie würde als „Banker" gegenüber der Regierung und den Geschäftsbanken dienen sowie eine Wächterfunktion gegen die Monopolbildung im Finanzsektor übernehmen:[203] Wächter auch im positiven Sinne als Berater für finanztechnische und islamische Angelegenheiten der Geschäftsbanken. Ein *Scharia*-Supervisory-Board würde sämtliche Engagements der Banken auf ihre Verträglichkeit mit der *Scharia* überprüfen.[204]

Generell ist ein Zusammenspiel zwischen der Zentralbank und der Fiskalpolitik der Regierung unerlässlich. Sie ist als Dienstleister von Staat und Öffentlichkeit zu verstehen.

In Liquiditätskrisen müsste die Zentralbank die Geschäftsbanken mit Notmitteln stabilisieren.[205] Diese Mittel ständen in einem zinsfreien System sicher in geringerem Umfang zur Disposition, da hier nicht einfach gegen Verzinsung refinanziert werden kann. Unter der Prämisse der Stabilität muss die Zentralbank also diverse Mittel zur Überbrückung von vorübergehender Illiquidität der Geschäftsbanken zur Verfügung halten. Der unerwartete Kapitalbedarf kann durch die überwiegend längerfristigen Engagements der islamischen Geschäftsbanken in Form von Gewinnbeteiligungen oder durch plötzlich notwendige Verlängerungen dieser Engagements hervorgerufen werden. Bei einer Konjunkturschwäche müssten die Banken ebenso wie die Anleger ihre Erwartung auf Mittelrückflüsse aus deren Beteiligungen zeitlich korrigieren. Aller-

---

[203] Vgl. Mannan, Muhammad Abdul (1986), S. 178.
[204] Vgl. Warde, Ibrahim (2000), S. 61.
[205] Vgl. Encke, Ulrich: Das Spannungsverhältnis zwischen islamischem Fundamentalismus und Marktwirtschaft. Eine Analyse der Abläufe in der „islamischen Wirtschaft" des nachrevolutionären Iran. München: VVF, 1993, S. 63.

dings müssten aufgrund der begrenzten Mittel solche Fehlplanungen der Geschäftsbanken vonseiten der Zentralbank sanktioniert werden.[206] Die Zentralbank im islamischen Wirtschaftssystem sollte auch die Macht haben, die Mittelverwendung in gesellschaftszuträgliche Investitionen dirigieren zu können, also bei Knappheit oder Zielkonflikten zugunsten der für die Gesellschaft wichtigen Projekte zu entscheiden. Dies könnte natürlich nur in Zusammenarbeit sämtlicher Beteiligten erfolgreich umgesetzt werden.

Gerade beim Aufbau eines islamischen Wirtschaftssystems würde große Verantwortung im Sinne einer Vorbildfunktion und eines aktiven Initiators in den Händen der Zentralbank liegen. Diese könnte durch Servicegebühren gegenüber der Regierung und den Geschäftsbanken sowie durch Gewinnbeteiligungen an den Geschäftsbanken (in Form von *Muscharaka* und *Mudaraba*) finanziert werden.

Wie für den Staat die Fiskalpolitik ein zentrales Instrument ist, stellt die Steuerung der Geldmenge eine der Hauptaufgaben der Zentralbank dar.

4.2. Geldpolitik

Das zweite große Instrument zur Beeinflussung oder Lenkung des wirtschaftlichen Geschehens ist die Geldpolitik. Diese wird von den Monetaristen[207] als zentrale Einflussgröße gesehen.[208] Durch verstetigte Geldpolitik soll die Wirtschaft mit der für ein optimales Wachstum nötigen Geldmenge versorgt werden. So wird das Ziel der Preisstabilität verfolgt. Ausführendes Organ ist die Zentralbank.[209]

Es sollen nun die wesentlichen Einflussfaktoren auf die Geldmenge vonseiten der Zentralbank diskutiert werden. Refinanzierungspolitik, also die Geldmenge über den Hebel der Leitzinshöhen zu vergrößern oder zu verkleinern, ist in einem zinsfreien System natürlich nicht mehr möglich. Die Zentralbank hat in diesem Fall nicht die Option, die Nachfrage nach Kapital durch Senken und

---

[206] Vgl. Chapra, Muhammad Umer (1985), S. 150.
[207] Nach den Monetaristen sorgt der Staat am besten für eine ausgewogene Wirtschaft, indem er die Geldmenge steuert und nicht die von den Keynesianern befürworteten zusätzlichen Investitionsprogramme tätigt.
[208] Vgl. Dorn, Dietmar / Fischbach, Rainer (1999), S. 83.
[209] Vgl. ebd., S. 83f.

Heben der Refinanzierungszinsen als Richtlinie für die Geschäftsbanken zu beeinflussen.[210] Die unter Abschnitt 1 angesprochene Gewinnbeteiligungsrate, die als Ersatz des Zinses zur Allokation des Kapitals dienen kann, ist nicht analog zu verwenden. Diese sollte die wirtschaftliche Realität widerspiegeln und nicht als Instrument zur Geldpolitik verwendet werden. Auch das Abstecken des Zinskanals durch ständige Fazilitäten, in denen die Zentralbank den Geschäftsbanken die Möglichkeit gibt, einen Übernachtkredit (Spitzenrefinanzierungsfazilität) in Anspruch zu nehmen oder über Nacht Geldüberschüsse verzinst anzulegen (Einlagefazilität), ist aufgrund des Zinsverbots nicht möglich. Offenmarktgeschäfte vonseiten des Staates oder der Zentralbank, mit denen dem Markt Liquidität zugeführt (durch Kauf von Wertpapieren) oder entzogen wird (durch Verkauf von Wertpapieren), sind auf ein Minimum beschränkt, da diese Wertpapiere größtenteils der Art entsprechen, die nach der *Scharia* nicht gehandelt werden dürfen, wie zum Beispiel festverzinsliche Anleihen.[211] Khan führt als Ersatz für die herkömmlichen Offenmarktgeschäfte den Handel mit Wertpapieren an öffentlichen Projekten auf, an denen der Staat oder die Zentralbank Anteile halten könnten.[212]

Als wirkungsvollstes Mittel der Geldpolitik bleibt im islamischen Wirtschaftssystem die Höhe der Reservesätze. Der Reservesatz gibt an, welcher Prozentsatz der Einlagen von Sparern bei den Geschäftsbanken als Mindestreserve gehalten werden muss. Je niedriger dieser Satz ist, desto mehr Mittel können die Banken vergeben. Dies erhöht die Geldmenge und stellt so auch unter Berücksichtigung der *Scharia* ein effektives Mittel zur Geldpolitik dar.[213] Das funktioniert natürlich auch umgekehrt, wenn der Mindestreservesatz, der im islamischen Wirtschaftssystem auch für die Beteiligungskonten der Sparer bei den Banken gilt, erhöht wird und dem Markt somit Kapital entzogen wird. Nach dem, was vom islamischen Wirtschaftssystem bekannt ist, könnte streng genommen die Verwendung von Geldern durch Kreditschöpfung, die ja nur

---

[210] Näheres zum Leitzins vgl. ebd., S. 156ff.
[211] Vgl. Mannan, Muhammad Abdul (1986), S. 211.
[212] Vgl. Khan, Shahrukh Rafi (1987), S. 106.
[213] Vgl. Bashir, Abdel Hamid: Money and Growth in Islamic Economics. Theory and Evidence. In: Ahmed, Ehsan (Hrsg.): Role of Private and Public Sectors in Economic Development in an Islamic Perspective. Proceedings of the Fifth International Islamic Economics Seminar. Herndon, Virginia: International Institute of Islamic Thought, 1996, S. 147-165, S. 157.

„fiktiv" vorhanden sind, da die Einlagen der Sparer nicht voll gedeckt sind, Kritik hervorrufen, wenn die dadurch entstehenden Erträge nur der Geschäftsbank zugute kommen, obwohl sie doch der Allgemeinheit, der Summe der Anleger aller Banken, zustehen. Deshalb schlägt Khan vor, die auf diesem Wege erwirtschafteten Gewinne der Bank für soziale Belange der Allgemeinheit zu verwenden oder diese in „monetary reserve funds" einzuzahlen, um liquide und flexibel bei Bedarf einer Geldmengenerhöhung reagieren zu können. Dies käme der gesamten Volkswirtschaft zugute.[214]

Auch im zinslosen System würde die Zentralbank keine Funktionen, die die alltäglichen Belange der Bevölkerung betreffen, übernehmen. Hierfür sind die anschließend zu untersuchenden Geschäftsbanken zuständig.

4.3. Die Geschäftsbanken - Sparen und Kapitalbildung

Auch die Beziehung der Geschäftbanken zu ihren Kunden unterscheidet sich im islamischen Modell durch das fehlende Angebot festverzinster Konten. Es müssen andere Produkte angeboten werden, um die Privathaushalte zum Sparen zu animieren, um dann wiederum Unternehmern mit Finanzbedarf die so erlangten Mittel zur Verfügung stellen zu können. Die Banken hätten - neben Kunden für hier irrelevante Transaktionen - hauptsächlich zwei Gruppen von Geldanlegern: Die eine Gruppe wäre daran interessiert, ihr Geld sicher zu deponieren und für Transaktionen bereit zu halten (Sichteinlagen), die andere würde versuchen, ihr Geld gewinnbringend anzulegen.[215] Für erstere würde die Bank nur die Funktion eines sicheren Aufbewahrungsortes und Dienstleisters für sämtliche Finanztransaktionen darstellen. Hier gäbe es, wie schon erwähnt, keine feste Verzinsung, und es würden Servicegebühren, ähnlich der hiesigen Kontogebühren, erhoben werden. Der Reservesatz müsste hier sehr hoch sein, um den Kunden die Rückzahlung des Nominalwertes zu garantieren.[216] Eventuelle kurzzeitige Kredite können hier den Kunden im Rahmen eines „Bonusverfahrens" als Gegenleistung für vorher getätigte Einlagen zur Verfügung

---

[214] Vgl. Khan, Shahrukh Rafi (1987), S. 107.
[215] Vgl. Khan, Mohsin S.: Islamic Interest-Free Banking. A Theoretical Analysis. In: Khan, Mohsin S. / Mirakhor, Abbas (Hrsg.): Theoretical Studies in Islamic Banking and Finance. Houston: The Institute for Research and Islamic Studies, 1987, S. 15-35, S. 33.
[216] Vgl. Encke, Ulrich (1993), S. 62.

gestellt werden. Generelle Finanzierungs- und Darlehensmethoden wurden bereits in Kapitel III erörtert.

Im islamischen Wirtschaftssystem ist die Bank für die Anleger, die ihr Kapital gewinnbringend anlegen möchten, als Kapitalgesellschaft zu sehen, an der sich die einzelnen Anleger beteiligen.[217] Die Sparer oder besser Kleininvestoren würden der Bank ihre Spareinlagen in einem Gewinn-Verlust-Beteiligungsmodell (*Mudaraba*) zur Verfügung stellen. Die Bank wiederum würde sich in sämtlichen gewinnbringenden Aktivitäten nach der *Scharia* engagieren. An dem Profit der Bank würden die Anleger entsprechend des Anteils ihrer erfolgsbeteiligten Depositen partizipieren.[218]

Aufgrund von Kapitalvergabe in Form von Beteiligungen würde weit mehr Energie in die Überprüfung der zu vergebenden Mittel fließen. Anders gesagt: Die Kosten für Informationen steigen. Die Bank könnte die eigenen Gewinne nach Belieben verwenden oder teilweise in Rücklagen einstellen, um auch in konjunkturschwachen Perioden mittels Ausschüttungen als Institut zur Geldanlage attraktiv zu bleiben. Die Marge der Bank wäre die Differenz der Einnahme ihres Engagements und der weitergegebenen Ausschüttung an die Anleger.[219] Das Angebot von Anlagen mit unterschiedlicher Risikoklassifizierung wäre nur eine reine Formsache und einfach zu verwirklichen. Weitere Einnahmequellen der Bank könnten Dienstleistungen wie Vermittlungen, Abwicklung von Transaktionen und beratende Tätigkeiten darstellen. Eine zusätzliche Aufgabe der Banken könnte zudem die Einziehung der *Zakat* von ihren Kunden mit deren Einverständnis sein. Diesen kann aber auch freigestellt sein, die Gelder selbstständig für Bedürftige einzusetzen. Im ersteren Falle ist es denkbar, dass die Bank die Verteilungsfunktion dieser Mittel für soziale Zwecke unter der Delegation des Staates übernimmt.[220]

Ein häufiger Kritikpunkt an den islamischen Banken ist die Vermutung, sie wären nicht in der Lage, die für die Entwicklung der Volkswirtschaft notwendigen Mittel zu formieren, da Sparer ohne festen Zins kein Interesse an Bank-

---

[217] Vgl. Khan, Mohsin S. (1987), S. 33.
[218] Vgl. Ali, Syed Ahmad (1993), S. 132.
[219] Vgl. Siddiqi, Muhammad Nejatullah (1983b), S. 59.
[220] Vgl. ebd., S. 29.

einlagen hätten.[221] Dies mag im Wettbewerb zu konventionellen Banken zwar zutreffen, da man hier permanent gezwungen wäre, als Ausgleich für das Risiko höhere Renditen zu bieten. Gleichzeitig gäbe es aber für viele Muslime nun eine Möglichkeit, ihr Geld anzulegen, ohne dabei in Konflikt mit ihrer Religion zu geraten. In unserer Modellbetrachtung hätten die privaten Haushalte wiederum gar keine Möglichkeit, einen fest garantierten Zins in Anspruch zu nehmen. Ferner würde das Instrument der *Zakat* zur Investition anhalten, da sonst ein stetiger Vermögensabbau durch die Vermögensbesteuerung in Höhe von 2,5 Prozent stattfände, abgesehen von der Inflation, die den Wert des Geldes stetig schmälert.

Choudhury führt an, dass im Rahmen einer islamischen Gesellschaft der Konsument weder ein Verschwender wäre, noch sein Kapital horten würde, da ersteres verpönt und zweites nach islamischem Verständnis untersagt sei. Er kritisiert die konventionelle Auffassung des „rationalen Konsumenten" und führt an, dass das Konsumverhalten sehr stark von der vorherrschenden Gesellschaft geprägt sei. So hält er es durchaus für möglich, dass Menschen ihren Konsum und den Umgang mit ihrem Vermögen für ein übergeordnetes Ziel verändern und sich nach kapitalistischem Verständnis „irrational" verhalten.[222] Nach Choudhurys Auffassung kann man folglich von einer positiven Korrelation zwischen Einkommen und Sparen ausgehen.

Die Zuwendung der Ersparnisse an die Bank hat viel mit dem Vertrauen gegenüber dem Banksystem zu tun. Damit muss nicht nur auf Profit ausgerichtetes Vertrauen gemeint sein, sondern auch die Art der sozialen und religionskonformen Mittelverwendung.

Insgesamt kann man schlussfolgern, dass das Betätigungsfeld der Banken im islamischen Wirtschaftssystem breiter gestreut wäre. Die Banken würden, anstatt überwiegend mit Geld zu handeln, selbst zu Investoren, Venture-Capital-Gebern und Geschäftspartnern. Der Kontakt bei Gewinn- und Verlustbeteiligungen wäre bei Kunden und Bank im Falle eines gemeinsamen Managements deutlich enger gefasst. Mannan beschreibt die Beziehung zwischen der Bank und ihren Kunden folgendermaßen:

---

[221] Vgl. Mills, Paul S. / Presley, John R. (1999), S. 73.
[222] Vgl. Choudhury, Masadul Alam: Contributions to Islamic Economic Theory. A Study in Social Economics. Houndmills u.a.: Macmillan Press, 1986, S. 142.

„The status of the Islamic Bank in relation to its clients is that of a partner, investor and trader, whereas in commercial banks in the West, the relationship is that of creditor or debtor."[223]

„Die Position einer islamischen Bank gegenüber den Kunden ist die eines Partners, Investors und Händlers, wohingegen in kommerziellen westlichen Banken die Beziehung aus Geldgebern und Geldnehmern besteht."

Die Banken könnten sich auch untereinander in einem Interbankensystem organisieren und sich gegenseitig bei Engpässen aushelfen. Selbst ein staatliches Bankensystem, das auch denkbar wäre, oder eine Mischung staatlicher und privater Banken, was erfahrungsgemäß eine höhere Effizienz zur Folge hätte, würde an der Funktionsweise wenig ändern.

Die Banken im Islam werden überwiegend als dem Wirtschaftsmotor dienende Organe beschrieben. Sie wären vermutlich weniger mächtig und unterstünden einem stärkeren Einfluss des Staates als im westlichen Wirtschaftssystem. In jedem Fall wäre eine starke Machtkonzentration im Bankensektor zu vermeiden und Ausgewogenheit anzustreben.

In dieser Modellbetrachtung haben wir uns auf die nationale Ebene beschränkt. Die Finanzierungsformen nach der *Scharia* auf einen internationalen Handel zu übertragen und die islamischen Prinzipien zu beachten, ist durchaus möglich. Ein Wettbewerb zwischen islamischen und westlichen Banken auf internationaler Ebene bedarf aber einer ausführlicheren Betrachtung. Das islamische Bankwesen entwickelt sich seit den siebziger Jahren mit zunehmender Stärke. Mittlerweile gibt es ungefähr 250 islamische Finanzinstitute auf der ganzen Welt, die ein Vermögen von ca. 200 Milliarden US- Dollar verwalten.[224] Die westlichen Banken, die Produkte nach der *Scharia* für ein muslimisches Publikum anbieten, sind dabei sogar noch außer Acht gelassen. Zu diesem

---

[223] Mannan, Muhammad Abdul (1986), S. 161.
[224] Vgl. The Institute of Islamic Banking and Insurance (o.V.): Islamic Banking - Status of Islamic Banking. Online unter
http://www.islamic-banking.com/ibanking/statusib.php (28.5.2006).

Thema wird auf die verwendete Literatur verwiesen, die etliche Studien und Beobachtungen zum aktuellen Stand des islamischen Bankwesens enthält.

Da es auch verschiedene politische Systeme gibt, die in wirtschaftlicher Koexistenz leben, dürfte nichts gegen ein Praktizieren des islamischen Wirtschaftssystems in einem Zinsumfeld sprechen. Eine Einhaltung der *Scharia* im Sinne des Zinsverbotes ist aber bei Auslandsverschuldung gegenüber nichtislamischen Banken nahezu unmöglich, daher muss zumindest langfristig ein Wirtschaften ausschließlich im Rahmen der eigenen Möglichkeiten erreicht werden.

***

In den vorangegangenen Kapiteln hat der Leser das islamische Wirtschaftssystem verknüpft mit den Werten und Grundsätzen des Islam kennen gelernt. Der Teilbereich Wirtschaft wurde in das Gesamtkonzept der islamischen Lehre eingebunden, da eine herausgelöste Darstellung unter rein monetären oder technischen Aspekten sämtliche Bemühungen hinfällig gemacht hätte. Genauso wenig kann man die einzelnen Lebensbereiche der Menschen isoliert voneinander betrachten, weder die der Individuen, noch die der Gemeinschaft. Zahlenbetrachtungen auf dem Seziertisch führen zwangsläufig zum Ausblenden wichtiger Bereiche und Details. Sie stellen in der Wirtschaft eine große Hilfe dar, doch werden dabei die quantitativen Aspekte zu stark gewichtet. Qualität verbirgt sich oft zwischen den Kennzahlen.

Es ist nachvollziehbar, dass die Sorgen des täglichen und operativen Geschäfts unter dem durch Globalisierung ständig wachsenden Wettbewerbsdruck in einem kriegsähnlichen Szenario im Vordergrund stehen und keine Ressourcen für „soft facts" übrig lassen. Gutzuheißen ist das allerdings nicht. Ein Blick in die Welt lässt unschwer erkennen, dass die Menschheit trotz großen Wissens in den Bereichen Umwelt, Technik, Soziologie, Psychologie etc. vollkommen ungebremst einen seit langer Zeit eingeschlagenen und gefährlichen Weg verfolgt. Eine unveränderte Fortführung könnte das sukzessive Zugrunderichten der Wettbewerbsgrundlage Mensch und Umwelt bedeuten. Dann fehlen den Unternehmen natürliche Inputs und gegebenenfalls zahlungsfähige Abnehmer.

Tatsache ist, dass selbst in der immer reicher gewordenen westlichen Gesellschaft Klüfte und Spannungen in der jeweiligen Bevölkerung entstehen und Zivilisationskrankheiten stetig zunehmen. Für den Menschen wichtige Sozialstrukturen wie die Institution der Familie weichen immer mehr auf und machen den Menschen haltlos. Der Reichtum kleiner Eliten geht auf Kosten großer Bevölkerungsteile, deren Ressourcen ausgebeutet werden, führt aber weder kurz- noch langfristig zum Wohlergehen. Es ist kein Zusammenhang zwischen Wohlstand und Zufriedenheit zu erkennen. Ansonsten müsste der Westen die fröhlichste Region der Erde sein. Die Dritte Welt oder die islamisch geprägten Länder als unschuldig an dieser Entwicklung zu bezeichnen, wäre aber ebenso Augenwäscherei. Weitverbreitete Korruption, Herrscher, die Länder und Bevölkerung ausbeuten und deren Schätze verkaufen, sind keine Seltenheit. Oft wird versucht, den Westen und das westliche Konsumverhalten nachzuahmen. Das Ergebnis ist meist ein Import der negativen Auswirkungen und Probleme anstatt der wirtschaftlichen Verbesserung, da man immer einen Schritt zurück ist.

Ein Grund für die bis jetzt schwache Ausbildung des islamischen Wirtschaftssystems ist wohl die teilweise unfruchtbare Umgebung der politischen Systeme, verbunden mit mangelnder Bereitschaft, nötige Schritte als erster zu gehen, sowie die Scheu vor wirtschaftlichen Einbußen. Dies gilt aber auch für private Teilnehmer, die schließlich am globalen Wirtschaftssystem partizipieren und dieses somit auch beeinflussen können. Ein Vergessen der eigenen Werte und der traurige Versuch der Mitläuferschaft führen zu der Bilanz, dass selbst die Bevölkerung rohstoffreichster Länder größtenteils in Armut lebt, geschweige denn ein Mitspracherecht auf der weltpolitischen Bühne besitzt.

Möglicherweise fiel es dem Leser schwer, sich in ein ihm fremdes Wirtschaftssystem hineinzudenken. Ihm ist das herkömmliche Wirtschaftssystem inklusive Zins seit seiner Geburt vertraut, und er betrachtet es möglicherweise als natürlich. Ebenso kritisch wie das islamische Wirtschaftssystem betrachtet wurde, sollte man auch das vorherrschende betrachten. Nur weil es seit langem besteht und sich durchgesetzt hat, darf eine kritische Reflexion seiner Prämissen und Konsequenzen nicht verloren gehen. Das wirtschaftliche Gefüge, in dem wir uns bewegen, hat sich keineswegs einfach so entwickelt. Es ist zwar gewachsen, dabei lässt jedoch schon ein flüchtiger Blick unter die Oberfläche erkennen, dass es eindeutige Gewinner und Verlierer gibt. Von der Armut des einen profitiert ein anderer. Und mit zunehmender Konzentration wirtschaftlicher Macht werden die wenigen Reichen immer reicher, und die Zahl der Verlierer nimmt stetig zu. Es ist fraglich, ob der Versuch, sich in diesem Umfeld zu den wenigen Gewinnern ohne Rücksicht auf Verluste hoch zu kämpfen, sich dauerhaft als rettender Weg erweist. Beklagen darf man sich mit diesem Verhaltensmuster im Nachhinein jedenfalls nicht.

Für den Muslim sind die Weisungen seiner Religion eine Gnade Gottes, und nur ein Befolgen dieser kann ihm helfen. Insbesondere im islamisch geprägten Raum wäre die Situation besser, hätte man stärker an den übergeordneten Werten und Grenzen festgehalten.

Nach dem Islam ist es selbstverständlich, dass die Regeln Gottes auch bezüglich des Wirtschaftens besser und gerechter sind als das, was Menschenhand schaffen kann, so wie ein geklonter Mensch nie eine verbesserte Schöpfung sein kann. Dies bleibt am Ende eine Überzeugungsfrage, und jedem ist die Verantwortung über seine Seele selbst überlassen. Vielleicht findet dennoch der eine oder andere in einer ihm fremden Ideologie einen nützlichen Hinweis für sein Leben und seine Rolle in der globalen Wirtschaft.

B. Finanzgeschäfte im Alltag

In diesem Abschnitt soll aufgezeigt werden, wie die vorgestellten Gebote im Alltag Anwendung finden können und worauf hier zu achten ist. Für den Muslim kann dies eine Anregung darstellen oder Aufmerksamkeit schaffen. Finanzinstitutionen und Dienstleistern wird deutlich, welche Produktarten für muslimische Konsumenten von Bedeutung sind und wo der Markt noch großes Potential aufweist. Die wichtigsten Themen werden gestreift, aber es kann nicht jeder Einzelfall berücksichtigt werden.

Zu Beginn muss darauf hingewiesen werden, dass es sich in diesem Kapitel um eine persönliche Stellungnahme und Meinung des Autors handelt. Diese basiert auf den vorgestellten Quellen und Prinzipien, dem Studium der *Scharia* und dem Austausch mit Gelehrten.

Im Islam gilt, dass jeder Mensch für seine eigene Seele verantwortlich ist, und Gott befähigt und ermutigt den Menschen auch dazu, diese Verantwortung zu übernehmen. Die Gebote der Wirtschaft im Islam sind oft weniger bekannt als andere, vielleicht offensichtlichere Botschaften wie zum Beispiel die Vorschriften zur Ernährung. Verstöße gelten aber nach der *Scharia* nicht als Kavaliersdelikt, und der bloße Umstand, in einem nichtislamischen Land zu leben, entbindet in keiner Weise von der Verantwortung. Abgesehen davon wäre es ein Trugschluss, sich in so genannten islamischen Ländern im Bereich der Wirtschaft auf der sicheren Seite im Sinne der *Scharia* zu wiegen.

Immer wieder tauchen dieselben Fragen auf, zu denen auch viele Informationen im Internet geboten werden. Natürlich ist hier Vorsicht bezüglich des Ursprungs und der Qualität geboten. Die in diesem Kapitel angesprochenen Themen stehen bei den wiederkehrenden Fragen im Mittelpunkt des Interesses.

1. Kontoführung

Zinsen auf Geldeinlagen oder durch Überziehung verursachte Zinsen sind unzulässig. So sind zinslose Konten anzustreben, was auch einige Banken ermöglichen, selbst wenn sich diese über den Verzicht wundern. Auf der anderen Seite könnte man dafür beispielsweise Gebührenerlass fordern. Unternehmer, die auf kurzfristige Liquidität angewiesen sind, müssen sich sicher besonders engagieren, um einen islamisch zugelassenen Weg zu finden. EC-Karten haben, solange sie nicht zur Kontoüberziehung führen, nichts mit Zins zu tun.

2. Kreditkarten

Sofern durch diese keine Überziehung des Limits, das zu Zinszahlungen führt, in Anspruch genommen wird, bleibt nur noch die Gebühr von ca. 20 Euro im Jahr (wenn überhaupt), was für den Dienst der sicheren und praktischen Zahlung als angemessen interpretiert werden kann.

3. Inanspruchnahme von Krediten

Das Zurückgreifen auf einen verzinsten Kredit ist für einen Muslim keine Option. Im Bereich des Unternehmertums muss man sich durch Beteiligung oder andere in Teil A dieses Buches vorgestellte Instrumente finanzieren. Als Privatperson bleibt die Einschränkung der Ausgaben oder der Versuch, in Notlagen unverzinste Kredite von privat oder, wenn verfügbar, von sozialen Einrichtungen zu beziehen. Auch hier sollte man sich auf Prävention und nicht Symptombekämpfung konzentrieren. Die Vorzüge des Gewährens solcher privaten Hilfen, in denen man andere Menschen um eine Last erleichtert, sollen hier noch einmal betont werden.

4. Was tun, wenn man trotz allem Zinsen erhält?

Prävention ist natürlich das intelligentere Mittel. Falls es sich aber tatsächlich nicht vermeiden lässt, gilt es, dieses Geld loszuwerden. Dies entspricht aber nach der *Scharia* nicht einer Spende und ersetzt auch keine Pflichtabgaben. Vielleicht kann die eine oder andere Hilfsorganisation solche Mittel zum Bau von sanitären Einrichtungen verwenden. Es gibt ferner die Meinung, dass man diese Mittel auch Menschen geben kann, die aufgrund von Not verschuldet sind und selbst Zinsen zahlen müssen. Wenn möglich, sollten die verschuldeten Menschen, denen man mit dem Zinsgeld hilft, Kunden derselben Institution sein, die die eigenen Zinsen ausbezahlt hat.

5. Leasing

Das Leasing wurde in Teil A bereits angesprochen. Hierbei ist insbesondere auf zwei Dinge zu achten: Der Leasingvertrag darf keine flexiblen Zinskomponenten in Abhängigkeit der Zeit beinhalten, und es dürfen keine Kettenverträge vorliegen. Der Leasingbetrag muss über die gesamt Laufzeit fix und definitiv sein. Die Leasingrate soll den in Anspruch genommenen Dienst des Leasinggebers widerspiegeln, wobei auch die Risikoübernahme durch den Leasinggeber ihren Preis haben kann. Ein verbotener Kettenvertrag wäre zum Beispiel die verpflichtende Übernahme des geleasten Gegenstandes (nicht die Option) nach Ablauf des Vertrages.

6. Ratenkauf

Es gilt das Prinzip eines festen und finalen Kaufpreises zum Vertragsabschluss. Dieser kann auch in Raten gezahlt werden, selbst wenn die Raten gegenüber einem Barkauf höher ausfallen. Durch verspätete Zahlung der Raten darf es aber zu keiner Teuerung des Betrages kommen, was jedoch meistens durch im Vertrag festgelegte Verzugszinsen geschieht. Es muss also sichergestellt sein, dass durch die Anwendung einer Ratenzahlung keine Gefahr besteht, bei verspäteter Zahlung Zinsen zu bezahlen. Ist ein solcher Zins ausgeschlossen, ist die Ratenzahlung zulässig. Ein höherer Betrag für eine Ratenzahlung bedeutet nicht automatisch die Berechnung von Zins. Ein Händler hat die Wahl, seine Ware zu seinen Vorstellungen zu verkaufen, auch wenn der Preis im Falle der Ratenzahlung höher als beim Barkauf ausfällt. Ein solcher Preisunterschied kann ebenso bei verschiedenen bar verkaufenden Händlern desselben Produkts auftreten und kann bei Ratenzahlung durch persönliche Präferenzen des Käufers wie Sicherheit, Vertrauen und lokale Nähe begründet sein.

7. Auktionen

Im Islam gibt es kein Verbot für Auktionen, solange diese fair ablaufen und die grundsätzlichen Handelsbedingungen eingehalten werden. Viele Online-Auktionen bestätigen, dass sich Fairness auszahlt, da Mitglieder mit positiver Bewertung durch die damit verbundene Sicherheit oft höhere Verkaufserlöse erzielen.

8. Versicherungen

Das Konstrukt der Versicherung wurde oben bereits detailliert ausgeführt. Doch was bedeutet dies für die einzelne Versicherung, die in diversen Haushalten zu finden ist? Erst einmal gilt es zu unterscheiden, ob es sich um eine tatsächliche Versicherung, die lediglich ein gewisses Risiko absichert, oder eine Versicherung in Verbindung mit einer Geldanlage handelt. Im Falle der Geldanlage muss in jedem Fall die Zinsfreiheit gewährleistet sein, was – wenn überhaupt – nur sehr selten zutrifft. Versicherungen, die durch ihre Beiträge rein risikoversichernd sind, sind unter den Gelehrten trotz allem umstritten, wobei aber einige Gelehrte betonen, dass die Ungewissheit (*Gharar*) im Verhältnis von Ein- und Auszahlung durch die Statistik und dem Gesetz der großen Zahl eliminiert wird. Im Falle der Versicherungen ist es also schwierig, generelle Empfehlungen auszusprechen, und oft kommt es auf die spezielle Vertragsausprägung an. Lebensnotwendige Versicherungen sind, wie in Teil A, Kapitel III, Abschnitt 5.2, dargestellt, in jedem Falle zulässig. Das gilt nach der Mehrheit der Gelehrten auch für Versicherungen, die vom Arbeitgeber auf dessen eigene Kosten für Mitarbeiter abgeschlossen werden, oder andere verpflichtende Versicherungen. Insgesamt können also Kfz-, Hausrats-, Reiserücktritts-, Brand- und Katastrophenversicherungen, um nur einige zu nennen, zulässig sein, sofern tatsächlich nur eine Gebühr für den Verdienst des Versicherungsunternehmens zur Absicherung des statistischen Risikos entrichtet wird. Bei Lebensversicherungen zum Beispiel mischen sich die Leistungen oft. So ist der Teil der Risikolebensversicherung kritisch zu untersuchen und abhängig von Gelehrtenmeinungen, wobei die Lebensversicherung im Sinne der Altersversorgung meist eine fest verzinste Anlage darstellt. Dies wäre *haram* (verboten). Ist die Anlage nicht fest verzinst, so erfolgt sie durch den Versicherungsanbieter doch sehr konservativ, was bedeutet, dass in Geldmärkte, Rentenpapiere, Anleihen, also fest verzinst, investiert wird, was ebenfall verboten ist, da indirekt eine Geldanlage gegen die *Scharia* erfolgt. Sollte die Anlage rein in Aktien erfolgen, was so gut wie nie der Fall sein dürfte, müsste schließlich geprüft werden, um was für Unternehmen es sich handelt und ob ein Investment zulässig ist. Dieser Sachverhalt taucht auch im Zusammenhang mit vielen anderen Finanzprodukten auf.

Bei Unfall-, Pflege-, Alten-, und Krankenversicherungen muss wieder zwischen Versorgungscharakter im Sinne eines Ansparvorgangs und der Versicherung eines Risikos unterschieden werden. Eine Rente, die im Krankheitsfall oder bei Unfall gezahlt wird, muss dem islamischen Prinzip jedoch nicht widersprechen. Vorsicht ist immer dann geboten, wenn die Option besteht, bei Nicht-

125

inanspruchnahme (bei einer Risikolebensversicherung durch Erreichen eines bestimmten Alters) ab einem gewissen Zeitpunkt eine bestimmte Rente zu beziehen. Die Einzahlungen dürfen nicht über die Dauer des Vertrags durch den Versicherungsgeber gegen die *Scharia* angelegt werden und dann auf einen Schlag oder verrentet ausbezahlt werden.

Die Versicherungen selbst legen natürlich ihre Gelder und Gewinne nach ihren eigenen Vorstellungen an, wofür man genauso viel oder wenig Verantwortung trägt wie beim Kauf in einem Geschäft, das verbotene Waren anbietet. Für den Fall von Alternativen ist es grundsätzlich ratsam, soziale, Umwelt schützende oder anderweitig positiv engagierte Unternehmen gegenüber „Ausbeutern" zu bevorzugen. Auch wurde bereits angesprochen, dass eine genossenschaftliche Versicherungsart, die jedoch noch nicht oft genug verfügbar ist, vorzuziehen ist.

Ist man aus existenziellen Gründen jeglicher Wahl beraubt, muss man erörtern, inwiefern eine tatsächliche Not vorliegt und ob diese gegebenenfalls vorübergehend von den Verboten entbindet. Grundsätzlich gilt dies auch für die Arbeit in einem Unternehmen, das in seinem Geschäft gegen die *Scharia*-Normen verstößt bzw. wo die Tätigkeit für einen Muslim unzumutbare Handlungsweisen abverlangt. Es bestätigt sich immer wieder, dass die Nähe zum Verbotenen schnell zur Überschreitung führt.

9. Haus- oder Wohnungskauf

Für Projekte dieser Größenordnung gibt es islamische Finanzierungsformen wie den Mietkauf, der allerdings in Deutschland noch selten zu finden ist. Bei der Vertragsgestaltung des Mietkaufs ist, wie bereits angesprochen, darauf zu achten, dass es sich nicht um eine Vertragsverkettung handelt, in der Miete und Kauf untrennbar vermischt werden. Ein Mietvertrag, der sich im Betrag in Relation zu parallel erworbenen Anteilen an der Immobilie durch einen sich wiederholenden Kaufvertrag senkt, wäre aber denkbar. Die Finanzierung mithilfe eines konventionellen Bankkredits - Wunsch nach Eigenheim hin oder her - ist meiner Meinung nach unzweifelhaft verboten (*haram*) und spiegelt genau das klassische Zinsverbot wider. Auch wenn die Motivation nachvollziehbar ist, muss man sich darüber bewusst sein, wie viele Jahre man sich selbst und die Familie diesem schweren Verstoß im Islam aussetzt. In Abschnitt 11 wird zur

Verdeutlichung noch eine *Fatwa* (wörtlich *Urteil*) zu diesem Thema mit entsprechendem Gegenerlass erläutert.

Neben der Barzahlung stellt ein gemeinsamer Kauf eine Alternative dar, wobei zum Beispiel zunächst an die anderen Eigentümer, die den Kauf als Investment und nicht zur Eigennutzung tätigen, Miete gezahlt wird, auch wenn diese Form einen höheren Aufwand darstellt.

Oft wird bedauert, mit dem Zinsverbot des Eigenheims beraubt zu werden. Dabei wird aber völlig übersehen, vor wie vielen Risiken man dadurch auch geschützt ist. Wie viele Familien sind schon an der psychischen und alltäglichen Last der Verschuldung zerbrochen und konnten sich nie mehr davon erholen? Man sollte nicht über seine Verhältnisse leben, und es ist besser, ein Leben im Rahmen der eigenen Möglichkeiten zu führen, als ein Leben lang in Schuld zu verbringen. Zahlreiche Beispiele von Notverkäufen aus verschiedensten Gründen wie zum Beispiel Arbeitsplatzverlust belegen dies. Die Konsequenzen sind oft ungleich schwerer als der gewonnene Mehrwert, selbst wenn sie weniger wahrscheinlich sind.

10. Geldanlage

Natürlich ist jede Form der fest verzinsten Geldanlage oder die Anlage in Investitionen, die gegen die *Scharia* verstoßen, verboten. Dies gilt auch für Spekulationen oder Finanzprodukte, die Konstruktionen enthalten, die gegen die *Scharia* verstoßen. Aber was soll man tun? Schließlich arbeiten die Inflation und die zu entrichtende *Zakat* gegen die Ansparversuche.

Der Muslim kann in physische Werte wie zum Beispiel Immobilien, Land, Edelmetalle etc. investieren, was jedoch oft relativ unhandlich ist. Ferner können Teilhaberschaften und die Finanzierung von privaten Geschäftsvorhaben eine Lösung sein. Schaffen diese noch zusätzlich Arbeit oder dienen sie einem guten Zweck, ist die Anlage umso positiver einzustufen. Die Anlage in eine Aktie widerspricht nicht dem Zinsverbot, das Unternehmen muss nur nach der *Scharia* zulässig sein. Auch die Investitionen in Fonds können möglich sein. Beispielsweise gibt es Fonds, die ihr Kapital *scharia*-konform anlegen. Diese sind noch überschaubar, wachsen aber stark in ihrer Popularität, auch durch das Kapital der Golfstaaten, das nach Anlage sucht. Die Fonds arbeiten mit *Scharia*-Boards, die häufig eine 70/30-Regel ansetzen. Das heißt, das Unternehmen im Fond darf seinen Gewinn höchstens zu 30% aus Quellen, die gegen die *Scharia* verstoßen (z.B. Zins), erzielen und nicht vom Grundsatz gegen die *Scharia* verstoßen. So fällt eine Bank, Versicherung etc. meist durch diese Ansprüche aus der Auswahl. Bei herkömmlichen Fonds sind die einzelnen Werte zu untersuchen. Wer möchte, kann sich an die 70/30-Regel anlehnen. Es wird allerdings keine allgemeinen Fonds geben, die nicht zumindest einen minimalen Teil ihrer Mittel verzinst zwischen anlegen oder verbotene Wertpapiertypen einsetzen.

Solange natürlich soziale und islamisch einwandfreie Anlagen nicht eingefordert werden, werden diese auch nicht angeboten, das heißt, jeder bestimmt das Angebot mit. Der Markt entwickelt sich stark weiter, und es werden durch islamische und andere Finanzinstitute zunehmend Anlagen nach der *Scharia* angeboten. In Großbritannien ist dieser Prozess auf europäischer Ebene schon weiter fortgeschritten.

Die mit Abstand beste Anlage ist die Anlage zum Wohlgefallen Gottes, Der dafür ein Vielfaches mehr an Belohnung versichert. Großen Teilen der Weltbevölkerung fehlt es nicht nur an Frieden und Perspektive, sondern auch am Nötigsten, um den laufenden Tag zu überstehen. Die meisten Menschen, die den materiellen Wohlstand der Industrienationen genießen, müssen vergleichsweise kleine Opfer bringen, um den Ärmsten dieser Welt einen lebensnotwendigen Wunsch zu erfüllen. Keine Bank und keine Beteiligung vermehren das eingesetzte Kapital stärker als eine gottgefällige Spende für Menschen in Not.

11. *Fatwas* zum Immobilienkauf in Verbindung mit Zins

Der starke und verständliche Wunsch, die vier Wände, in denen man wohnt, auch zu besitzen, hält die Diskussion um die Zulässigkeit der Zinsfinanzierung am Leben und sorgt so für diverse Medienbeiträge auf den arabischen TV-Sendern und im Internet. Zahlreiche potentielle Hauskäufer lassen nicht davon ab, tatsächliche und selbst erklärte Experten nach *Fatwas* zu fragen, die den ersehnten Kauf mithilfe eines herkömmlichen Bankkredits für erlaubt (*halal*) erklären.

11.1. Was ist eine *Fatwa*?

Eine *Fatwa* kann man als Gutachten oder als Stellungnahme einer im Islam entsprechend qualifizierten Person auf eine Frage in *Scharia*-Angelegenheiten bezeichnen. Eine *Fatwa* muss nicht immer einen neuen Sachverhalt behandeln, sondern kann den Beteiligten auch einen bekannten Sachverhalt ihrem Interesse entsprechend aufbereiten. So gibt es zunehmend auch via Internet eine große Anzahl von Anfragen zu allen Lebenslagen. Eine *Fatwa* kann von einer Einzelperson oder einer Kommission, zum Beispiel zu neu auftretenden Fragen wie der Einsatz von Gentechnik nach den Vorstellungen des Islam, erlassen werden.

11.2. Voraussetzungen für die Erteilung einer *Fatwa*

Bei einer *Fatwa* handelt es sich nicht um einen geschützten Begriff. Im Islam existiert keine Institution vergleichbar mit der katholischen Kirche, die dann final für einen Großteil der Anhänger entscheidet, was erlaubt oder verboten ist. So ist eine *Fatwa* nur so gut wie derjenige, der sie erlassen hat bzw. so gut, wie der Herausgeber der *Fatwa* sich mit den entsprechenden islamischen Disziplinen und dem Thema auskennt. Hierzu muss der Gelehrte neben Integrität und Objektivität ein Kenner des Korans und der *Hadith*-Wissenschaft sein sowie den Tiefen der arabischen Sprache mächtig sein. Ebenso muss er bestens mit den anderen Quellen des Islam, wie dem Leben des Propheten (s), dem *Idschma'* (Übereinstimmung aller Gelehrtenmeinungen), dem *Idschtihad* (Anstrengung zum Erkennen einer *Scharia*-Norm) und dem *Qiyas* (Analogieschluss) vertraut sein. Kurzum: Er sollte ein anerkannter Experte in der Islamwissenschaft und besonders in dem Bereich befähigt sein, zu dem die *Fatwa* erlassen wird. Dieser Experte, ein so genannter *Mudschtahid*-Gelehrter, wird bei Auftreten einer unklaren Frage zuerst in den Koran- und *Hadith*-Texten suchen und, wenn er nicht fündig wird, bereits erlassene Stellungnahmen anderer Gelehrter über die Jahrhunderte hinweg prüfen. Sollte er dennoch keine Antwort finden, bleibt als letzte Möglichkeit die Anwendung von Analogien und Logik. Eine *Fatwa* kann dennoch orts-, zeit- und personenabhängig und daher nicht beliebig übertragbar sein.

11.3. Stellungnahmen zum Immobilienkauf in Verbindung mit Zins

Bei Zins oder *Riba* handelt es sich um keinen unklaren oder minder dokumentierten Fall. Das Zinsverbot ist genauso eindeutig wie die Vorschriften für Alkohol, Schweinefleisch oder Glücksspiel, und die Verwicklung in Zinsgeschäfte gehört zu den großen Sünden im Islam. So sind sich die Gelehrten einig, dass der Zins verboten ist, und es bedarf auch keiner *Fatwa*, um diese Offensichtlichkeit zu diskutieren. Dennoch fokussiert sich die Diskussion um den Immobilienkauf auf zwei Punkte:

1. Ist der Zins, den man zum Hauskauf in Anspruch nimmt, identisch mit dem koranischen Zins?
2. Handelt es sich beim Immobilienkauf um eine Notlage?

So gibt es *Fatwas*, die den Einsatz von Zins als erlaubt erklären, wenn alle folgenden Voraussetzungen erfüllt sind:

- Der Käufer lebt in einem nicht-islamischen Land.
- Der Käufer hat kein Geld für den Barkauf.
- Es stehen dem Käufer keine privaten oder öffentlichen zinsfreien Geldmittel zur Verfügung.
- Der Käufer kauft ein Haus, das er selbst bewohnt und das nicht der Geldanlage dient.

Die Befürworter solcher Aussagen berufen sich auf die hanafitische Schule, wobei einige Punkte wirklichkeitsverzerrend und sorglos übertragen wurden. Die angeführte Argumentation mag ihre eigene Logik besitzen, stimmt aber keineswegs mit der Haltung von Imam Abu Hanifa überein: Das nach Abu Hanifa dargestellte nicht-islamische Umfeld nennt er *Daru-l-Harb*, was aber bedeutet, dass die Muslime aufgrund ihrer Religion um Leib und Leben fürchten müssen, was in Europa definitiv nicht zutrifft, selbst wenn der Islam und die Muslime teilweise verunglimpfend behandelt werden. Ferner dürfte der Muslim im *Daru-l-Harb* nur Zins beziehen und nicht bezahlen. Die oben dargelegte Argumentationskette entbehrt jeglicher Grundlage und findet bei der absoluten Mehrheit der qualifizierten Gelehrten keine Anerkennung. Man könnte noch viel tiefer in den Diskurs eintauchen, was aber nichts an der Tatsache ändert, dass es sich bei dem für den Immobilienkauf verwendeten Zins tatsächlich um den im Islam als verboten eingestuften Zins handelt und dass die Übertragung der hanafitischen Lehrmeinung unpräzise und sorglos erfolgte. Damit erübrigt sich auch die nähere Betrachtung der anderen oben aufgeführten Bedingungen.

Es gibt jedoch einen weiteren Grundsatz nach der *Scharia*, der in diesem Zusammenhang regelmäßig angeführt wird und den Hauskauf mit Zins für *halal* erklären würde. Und zwar bezieht sich dies auf den Fall einer Notsituation, in der ein Verdurstender Alkohol oder ein Verhungernder Schweinefleisch konsumieren dürfte. Dies wäre ein tatsächlicher Notfall, in dem der Betroffenen real in seiner Existenz bedroht wäre. Beim Immobilienkauf ist allerdings nicht ein wirtschaftlicher Vorteil oder eine luxuriösere Wohnform als Notlage zu bezeichnen, sondern nur eine Situation, in der der Einsatz von Zins das Leben des oder der Betroffenen retten würde.

So eine Situation ist kaum vorstellbar, zumindest nicht, solange Muslime irgendeine Möglichkeit haben, zur Miete zu wohnen, schon gar nicht, wo der Hauskauf zumeist eine Eigenbeteiligung voraussetzt, die man ja auch zum „Überleben" einsetzen könnte. Vielmehr scheint es sich um subjektiv empfundene wirtschaftliche Schwäche zu handeln, der nach muslimischer Auffassung besser mit Investitionen nach Gottes Wohlgefallen zu begegnen wäre, um auf eine segensreiche Vermehrung zu setzen.

Häufig ist zu beobachten, dass bei der Ermittlung einer *Fatwa* oder Stellungnahme solange gesucht wird, bis man etwas gefunden hat, dem man die Verantwortung übertragen kann. Die Suche nach einer gültigen islamischen Quelle steht gar nicht im Vordergrund. Wenn man aber lange genug sucht, findet man zu jedem Thema die gewünschte Meinung. Das Klagen über die eigene wirtschaftliche Benachteiligung blendet leider oft aus, in welchem Luxus man sich im Vergleich zu Millionen anderer Menschen befindet, die weder über

Miete noch über Immobilienkauf nachdenken können. Auch bedeutet die Verpflichtung zu einem oft jahrzehntelangen Darlehensvertrag materiellen und psychischen Druck, der bei einer plötzlich eintretenden wirtschaftlichen Verschlechterung, zum Beispiel durch Arbeitsplatzverlust, schon etliche Familien ruiniert hat. Selbst wenn man keinen der vielen guten Gründe annehmen möchte, sein Leben nicht durch Zins - also über seine eigenen Verhältnisse hinaus - zu finanzieren, bleibt das Zahlen und Nehmen von Zins islamisch betrachtet in jeglicher Form strikt verboten, es sei denn, das eigene Leben ist bedroht.

C. Kommunikation im islamischen Raum

In Teil A wurden der Islam, seine Entstehung und seine Grundlagen erörtert, besonders unter dem Aspekt, inwiefern diese Religion auch Regeln für das wirtschaftliche Verhalten beinhaltet. Es wurde deutlich, dass das wirtschaftliche Handeln eines Muslims durch sein Bekenntnis stark geprägt wird. Diese Auswirkung besteht aber ebenso für alle anderen Bereiche seines Lebens. Sie bestimmt sein Benehmen im Sozialgefüge, seine Art zu kommunizieren und zu verstehen, seine Vorlieben und Abneigungen, sein Verständnis von Politik und Wirtschaft sowie seine Lebensauffassung. In diesem Teil des Buches soll statt einer allgemeinen Abhandlung über das Phänomen interkultureller Unterschiede und Besonderheiten eine praktische Hilfe im persönlichen Umgang zu den durch den Islam geprägten Menschen gegeben werden. Ziel ist es, einen Einstieg in diese Thematik zu schaffen und zu einer Sensibilisierung für den Umgang mit einer fremden Kultur anzuregen. Um die kulturellen Unterschiede zu verdeutlichen, bezieht sich diese Betrachtung auf die vom Islam deutlich geprägten Länder. Im Folgenden werden die durch den Islam selbst verursachten Besonderheiten diskutiert. Es sind natürlich Gemeinsamkeiten von Subgruppen im Verhalten und im Verständnis vorhanden, die unabhängig vom Islam auftreten, wie man sie bei Gruppen von Afrikanern, Europäern, Asiaten etc. beobachten kann. Diese spielen hier für uns keine Rolle. Im Fokus steht die Auswirkung speziell des Islam.

In einer Welt, in der geografische Entfernungen eine immer kleinere Rolle spielen, häufen sich auch Begegnungen mit Menschen, die zwar leicht zu erreichen, aber oft schwierig zu verstehen sind. Für international operierende Unternehmen ergeben sich daher Herausforderungen wie die Berücksichtigung internationalen Marketings, interkulturellen Managements auf Personal- und Konzernebene und die Auseinandersetzung mit fremden Gebieten internationalen Rechts. Am Anfang steht jedoch immer der persönliche Kontakt, unabhängig davon, ob es sich um eine Privatperson oder einen Repräsentanten einer Institution handelt.

1. Kulturelle Unterschiede in der Theorie

Kultur beinhaltet ein Wertesystem, das einer bestimmten Gruppe zueigen ist und sich von anderen abgrenzt. Kultur ist erlernt und nicht angeboren. Sie wird von Generation zu Generation weitergegeben und beeinflusst so das Verhalten einer Gruppe in gleicher und vorhersehbarer Weise.[225] In der Literatur finden sich verschiedenste Ansätze, Kulturen einzuteilen und somit deren Besonderheiten abzuleiten. Hier sollen drei ausgewählte Modelle vorgestellt werden, um einen Eindruck möglicher Vorgehensweisen zu erhalten und eine Einordnung vorzunehmen.

Nach Hofstede sind Kulturen mit den gleichen Problemen konfrontiert, differieren aber in dem Umgang mit diesen. Er nennt folgende vier Dimensionen:[226]

- Soziale Ungleichheit und die jeweilige Haltung zur Autorität
- Das Beziehungsgefüge zwischen Individuum und Gruppe
- Vorstellung von Maskulinität und Femininität und die soziale Auswirkung des Geschlechts
- Der Umgang mit Ungewissheit und die Art, Aggressionen zu kontrollieren und Emotionen auszudrücken

Auf die Einordnung des islamischen Raums in die Dimensionen von Hofstede wird im nächsten Kapitel noch näher eingegangen.

Ein Raster für eine praktische Vorgehensweise gibt Dülfer in seinem Filtermodell der Umweltberücksichtigung. In seinem Modell wird...

> „(...) der Entscheidungsspielraum des Managers auf der Basis des von ihm verfolgten *Zielsystems*, der gegebenen *Organisationsstruktur* und der verfügbaren *Ressourcen* durch die besonderen Einflußfaktoren der Aufgaben-Umwelt und der verhaltensbeeinflussenden globalen Umwelt in gewisser Beziehung gefiltert".[227]

---

[225] Vgl. Mead, Richard: International Management. Cross-Cultural Dimensions. Oxford, Cambridge: Blackwell, 1994, S. 6.
[226] Vgl. Hofstede, Geert: Interkulturelle Zusammenarbeit. Kulturen – Organisationen – Management. Wiesbaden: Gabler, 1993, S. 28.
[227] Dülfer, Eberhard: Internationales Management in unterschiedlichen Kulturbereichen. 5., überarb. und erw. Aufl., München, Wien: Oldenbourg, 1997, S. 440.

Das bedeutet, nachdem alle relevanten „Filter", die sowohl eine Einschränkung als auch eine Handlungserweiterung darstellen können, berücksichtigt wurden, ergibt sich der Raum für potentielle Entscheidungen. Die einzelnen Stufen nennt er wie folgt:[228]

- Aufgaben-Umwelt
- Rechtlich-politische Normen
- Soziale Beziehungen und Bindungen
- Kulturell bedingte Wertvorstellungen
- Stand der Realitätserkenntnis und Technologie
- (Externe) natürliche Bedingungen

Anhand solcher Raster lassen sich Auslandseinsätze vorbereiten sowie Ländervergleiche anstellen.

Bei Hall findet sich die Klassifizierung von Kulturen bezüglich Kommunikation in High- und Low-Context-Gesellschaften. Vereinfacht gesagt, bindet die High-Context-Kultur Informationen in ihre Kommunikation ein, die über das Faktische hinaus gehen, wie Kenntnisse über die Person, das Befinden und den familiären Status, also die informalen Nebenumstände. Im Gegensatz dazu bedeutet Low-Context eine Reduktion auf die sachliche und formale Ebene. Der arabische Raum gehört zu der Gruppe, in der High-Context eine große Rolle spielt.[229] Dies dürfte auch für Muslime im Allgemeinen gelten. Die Situationen und das Verhalten der Menschen im islamischen Raum sind demnach im Kontext zu sehen und nicht auf das rein Rationale und Faktische zu reduzieren. Die Werte und das Verhalten speziell sind nicht isoliert, sondern im Zusammen-

---

[228] Vgl. ebd., S. 441.
[229] Vgl. Hall, Edward T. / Hall, Mildred Reed: Hidden Differences. Doing Business with the Japanese. 2. Aufl., New York u.a.: Doubleday, 1990, S. 8f.

hang mit vielen Faktoren zu interpretieren.[230] Welche Auswirkungen dies auf den Umgang hat, lernen wir später kennen.

2. Einordnung des islamisch geprägten Raums

In Teil A wurde bereits erwähnt, dass sich die Zahl der Muslime auf ca. 1,3 Milliarden Menschen beläuft und dass der Islam in 59 Ländern die vorherrschende Religion darstellt. Es ist zu vermuten, dass sich in jedem Land der Erde Muslime aufhalten. Die Wahrscheinlichkeit, auf einen muslimischen Geschäftspartner zu treffen, ist natürlich in einem arabischen Land größer als in Deutschland, in beiden Fällen aber möglich.

Ein Unterschied in der Begegnung besteht darin, dass der Muslim in Deutschland mit westlichen Gebärden vertrauter ist als der im islamischen Kulturraum lebende. Somit kann er sich ein für seine Religion unpassendes Verhalten wie das Anbieten von Alkohol oder Schweinefleisch auch leichter erklären. Wenn von Muslimen gesprochen wird, muss in Bezug auf Verhalten und Kommunikation in verschiedenster Hinsicht differenziert werden. Es macht einen Unterschied, ob der Ansprechpartner in einem Land lebt, wo alle Bereiche des gesellschaftlichen Lebens durch den Islam beeinflusst werden, oder ob er seinen Glauben in einem seiner Religion fremden System, wie zum Beispiel ein Muslim in Deutschland, lebt. Trotz unterschiedlichster Umgebung und Nationalität finden sich bei Muslimen viele Gemeinsamkeiten in den Wertvorstellungen und Verhaltensweisen.[231] Dies beruht auf dem strengen Festhalten an gemeinsamen Quellen und dem gemeinsamen Vorbild des Propheten Muhammad (s). Natürlich hängt der Einfluss des Islam im individuellen Fall auch davon ab, inwieweit sich die Einzelperson ihrer Religion verpflichtet fühlt. So wie nicht alle Christen ihren Glauben öffentlich leben, gibt es auch Muslime, für die ihre Religion keine erkennbare Auswirkung auf den Alltag hat. Allerdings gibt es eine Reihe von Einflüssen, die durch den Islam in eine Kultur eingewoben sind und die selbst Bedeutung für nichtpraktizierende Muslime haben, wie zum Beispiel die Gastfreundschaft oder bestimmte Verhaltens-

---

[230] Vgl. Badran, Hania: Sozio-kulturelle Aspekte der Wirtschaftsbeziehungen im arabischen Raum. Linz: Universitätsverlag Rudolf Trauner, 1995, S. 27.
[231] Vgl. Heine, Peter: Kulturknigge für Nichtmuslime. Ein Ratgeber für den Alltag. 2., überarb. Aufl., Freiburg, Basel, Wien: Herder, 2001, S. 16.

regeln. Der Islam ist in den entsprechenden Regionen als stärkster soziokultureller Einflussfaktor zu sehen.[232]

Mit Bezug auf die vier Dimensionen von Hofstede nehmen wir nun eine eigene grobe Zuordnung der islamischen Kultur vor, um mögliche Vorgehensweisen ansatzweise aufzuzeigen.

Zur ersten Dimension, dem Umgang mit sozialer Ungleichheit und der Haltung gegenüber Autorität, haben wir vom Islam kennen gelernt, dass alle Menschen vor Gott gleich sind. Die Verantwortung des Menschen auf Erden bedeutet auch, die Güter nach dem Willen Gottes zu verteilen, und somit ergibt sich die Pflicht des Teilens. Die unanfechtbare und über allem stehende Autorität hat nur Gott. Es gibt im Islam keine hierarchischen Zwischenstufen in der Gott-Mensch-Beziehung. Der Arbeits- und Führungsstil vor allem in den orientalischen Ländern ist aber autoritär. Es empfiehlt sich, Verhandlungen aus Zeitgründen so hoch wie möglich in der Hierarchieebene zu beginnen.[233] Was die zweite Dimension betrifft, das Verhältnis vom Einzelnen zur Gruppe, haben wir festgestellt, welch hohen Wert die Gemeinschaft, insbesondere die Familie, hat. Das heißt, dass Muslime durch ihre sozialen Bindungen stark disponiert werden, was sich auch in Beziehungen zu Geschäftspartnern niederschlägt. So werden Menschen nicht nur als Individuen, sondern als Teile ihres sozialen Umfeldes gesehen. Dazu gehört der familiäre Status, aber auch die Abstammung und die Herkunft, denen großes Interesse beigemessen wird.

Nach Hofstedes Ländergruppen liegt der arabische Raum im Bezug auf die dritte Dimension, die Geschlechterrolle, im Mittelfeld hinter mehreren westlichen Ländern. In unserer Betrachtung macht es mehr Sinn, sich von der Vorgehensweise Hofstedes zu trennen und eine vereinfachte Einordnung vorzunehmen. Wie eingangs erwähnt, erfolgt dies nur ansatzweise als Hilfestellung. Für eine tiefer gehende Betrachtung müssten relative Vergleiche der einzelnen Länder angestellt werden. Unser Interesse gilt hier aber nur der islamischen Welt. Hier lässt sich zum Umgang mit den Geschlechtern sagen, dass Muslime unabhängig von der Nationalität eine starke Rollentrennung der Geschlechter

---

[232] Vgl. Badran, Hania (1995), S. 32.
[233] Vgl. Semich, Max-Helmut: Tipps für die Praxis. Verkaufen in Algerien. Köln: Bundesstelle für Außenhandelsinformation, 2000, S. 84.

gemeinsam haben.[234] Das alte Klischee der Geringschätzung der Frau im Islam kann sich allerdings bei einem ernst gemeinten Einblick in keiner Weise behaupten. Mann und Frau haben zwar unterschiedliche Wesenszüge und Rollen, sind aber vor ihrem Schöpfer in ihren Rechten gleichgestellt.[235] Dies wird auch im Koran unmissverständlich ausgedrückt. Wahrzunehmen ist, dass das gesellschaftliche Leben nach außen von Männern dominiert wird. Dies hat mit den Wertvorstellungen von Familie und der koranischen Pflicht des Mannes, die Verantwortung für die Versorgung der Familie zu übernehmen, zu tun.[236] Wie auch im Westen wird man in Führungspositionen überwiegend Männer antreffen. Der Umgang mit dem anderen Geschlecht wird später noch näher erläutert.

Wie Muslime mit Emotionen und dem Einblick in die Gefühlswelt (die vierte Dimension) umgehen, wird in Kapitel IV separat behandelt. Dort wird sich herausstellen, dass es trotz großer Offenheit und Nähe wichtig ist, die Fassung zu bewahren und sein Gegenüber nicht zu verletzen oder bloßzustellen. Zuvor werden jedoch die politisch-rechtlichen Einflussfaktoren untersucht, die beim Auslandsengagement berücksichtigt werden müssen.

3. Politisch-rechtliche Rahmenfaktoren

Was die Länder des islamisch geprägten Raums betrifft, finden wir verschiedenste politische Strukturen, was aufgrund ihrer Vielzahl auch nicht verwunderlich ist. Manche dieser Systeme weisen keine politisch-rechtlichen Besonderheiten im Vergleich zu westlichen Nationen auf. In manchen Staaten gilt die *Scharia* nur in einzelnen Bereichen der Gesetzgebung.[237] Dann ist es möglich, dass Heirat und Scheidung sowie Erbe und Unterhalt nach der *Scharia* gehandhabt werden, das Bankwesen und andere Elemente sich aber nicht vom westlichen System unterscheiden. In anderen Ländern wiederum hat das islamische Gesetz einen sehr starken Einfluss auf internationale Beziehungen und Wirtschaft. In so einem Fall unterliegen dann auch Wirtschaftsverträge der *Scharia*. Das kann heißen, dass solche Verträge, sofern sie gegen die *Scharia* verstoßen,

---

[234] Vgl. Heine, Peter (2001), S. 15.
[235] Vgl. Motahari, Ayatollah Morteza: Stellung der Frau im Islam. Hamburg: Islamisches Zentrum, 1982, S. 19ff.
[236] Vgl. Umm-Yussuf, Iman: Die Ehe im Islam. Das Wichtigste im Überblick. München: Islamisches Zentrum, 1998, S. 16.
[237] Vgl. Dülfer, Eberhard (1997), S. 394.

nicht mehr rechtskräftig sind. Was das politische und rechtliche Umfeld betrifft, muss ein Unternehmen jeweils im Einzelfall klären, inwieweit Auflagen bei einem Auslandsengagement zu berücksichtigen sind. Dülfer führt folgende Rechtsbereiche als relevant an:[238]

- Das Handels- und das Wirtschaftsrecht
- Das Recht des Währungs- und Kreditwesens
- Das Gesellschafts- und das Unternehmensrecht
- Das Arbeits- und das Sozialrecht
- Das Wettbewerbsrecht
- Das Steuerrecht

Gerade in den arabischen Ländern ist der Einfluss des politischen Umfelds sehr groß. Dies liegt daran, dass viele wirtschaftliche Entscheidungen nicht von unabhängigen Wirtschaftsgremien, sondern von Staats- und Regierungschefs getroffen werden.[239] Informationen zu Rahmenbedingungen der einzelnen Länder stellt mitunter die Bundesstelle für Außenhandelsinformation zur Verfügung.[240]

4. Do's and Don'ts

In dem Bemühen, unnötige Missverständnisse und Angriffe zu vermeiden, empfiehlt es sich, gewisse Verhaltensregeln einzuhalten und in der Lage zu sein, das Verhalten des Gegenübers richtig zu interpretieren. Wichtig ist stets, darauf zu achten, die religiösen Gefühle der muslimischen Gesprächspartner oder auch der Konsumenten nicht zu verletzen.

Exemplarisch für ungeschickte und unsensible Kommunikation in der Werbung war das Aufdrucken der saudischen Flagge auf Papiertüten und Dosen

---

[238] Vgl. ebd., S. 395.
[239] Vgl. Badran, Hania (1995), S. 173.
[240] Zu beziehen z.B. bei Bundesagentur für Außenwirtschaft (Hrsg.): Homepage. Online unter http://www.bfai.de/ (30.5.2006)

von McDonald's und Coca-Cola anlässlich eines sportlichen Ereignisses im Jahre 1994. Auf der Flagge steht das islamische Glaubensbekenntnis: Es gibt keinen Gott außer Allah, und Muhammad (s) ist sein Prophet. Für einen Muslim ist es unakzeptabel, dieses zu Werbezwecken auf Lebensmitteln, deren Verpackung am Boden und im Müll landet, zu sehen.[241]

Wohl auch nicht im Sinne der Konzeption war eine Werbeaktion für Waschmittel im arabischen Raum. Ebenso wie die Schrift werden Bilderfolgen von rechts nach links betrachtet. So stieß die Tatsache, dass saubere Wäsche mit Waschmittel behandelt wird, um dann schmutzig aus der Waschmaschine zu kommen, natürlich auf Unverständnis.[242]

Neben der Liste der „Fettnäpfchen" gibt es ebenso Chancen, durch Kenntnisse und entsprechendes Verhalten zu beeindrucken. Ein erster Schritt in die Richtung gegenseitigen Verständnisses erfolgte bereits in Teil A der Arbeit. Denn die dortigen Informationen über die Grundsätze des Islam helfen, viele Verhaltensweisen zu erklären. Es ist nicht notwendig, konsequent zwischen Begegnungen im geschäftlichen und privaten Bereich zu trennen. Diese überlappen sich teilweise deutlich, wie bei einer Einladung durch einen Geschäftspartner zu sich nach Hause.

4.1. Religiös bedingtes Handeln

Beginnen wir unsere Betrachtung mit den gottesdienstlichen Handlungen eines Muslims. Das tägliche fünfmalige Gebet prägt durch seine Zeiten den Tagesablauf. Es kommt in der islamischen Welt häufig vor, sich unter Bezugnahme auf die Gebetszeiten zu verabreden. Diese richten sich nach dem Sonnenstand und ändern sich somit mit der Jahreszeit. Dies kann die Zeitplanung eines Geschäftspartners also beeinflussen, genauso wie das gemeinschaftliche Freitagsgebet um die Mittagszeit. Der Freitag ist in vielen Ländern, in denen der Islam die Staatsreligion darstellt, ein Feiertag wie der Sonntag in christli-

---

[241] Vgl. Apfelthaler, Gerhard: Interkulturelles Management. Die Bewältigung kultureller Differenzen in der internationalen Unternehmenstätigkeit. Wien: Manz, 1999, S. 161.
[242] Vgl. ebd., S. 160.

chen Regionen. An diesem sind öffentliche Einrichtungen meist geschlossen.[243] Auf Reisen gelten für den Muslim weniger strenge Vorschriften in den Gebetszeiten. Es ist jedoch möglich, dass er freitags auch im Ausland eine Moschee aufsuchen möchte.

Zur Religion eines Muslims gehört auch das Fasten im Ramadan, während dem erst nach Sonnenuntergang gegessen und getrunken werden darf. In dieser Zeit stehen die Religion und die Familie im Vordergrund. Deshalb eignet sich dieser Zeitraum nicht für Geschäftsreisen. Zu den islamischen Feiertagen (zusätzliche regionale Feiertage sind möglich) gehören das Fest am Ende des Ramadans sowie das Opferfest, an denen in islamischen Ländern zumeist mehrtägig die Arbeit niedergelegt wird. Die Daten hierfür verschieben sich gegenüber dem gregorianischen Kalender und müssen deshalb jedes Jahr neu in Erfahrung gebracht werden.[244] Positiv auffallen wird einem Muslim, wenn er von einem Nichtmuslim zu diesen Feiertagen persönlich oder in Form einer Grußkarte beziehungsweise per Email beglückwünscht wird. In arabischer Sprache kann man zu beiden Festen ´Eid mubarak (wörtlich *gesegnetes Fest*) wünschen.[245]

Wie wir ebenfalls kennen gelernt haben, sind dem Muslim der Verzehr von Alkohol und Schweinefleisch untersagt. Diese anzubieten oder danach zu fragen, ist folglich unpassend. Aufmerksam wäre es, diese auch nicht in dessen Gegenwart zu konsumieren. Viele Muslime essen zudem nur Fleisch, wenn die Tiere nach islamischem Ritus geschächtet wurden. Als zuvorkommend erweist sich bei der Bewirtung eines Muslims, ein vegetarisches Gericht zu servieren und darauf hinzuweisen, dass weder Alkohol noch Fleisch enthalten sind. Es ist möglich, dass ein muslimischer Gast nicht unhöflich sein möchte, deshalb nicht fragt und sich aber zugleich unwohl fühlt, da er sich nicht sicher ist, was sich in dem ihm angebotenen Gericht befindet. Ausgenommen von der Pflicht des Schächtens nach islamischem Ritus sind Fisch und Meerestiere. Diese können daher bedenkenlos angeboten werden.[246] Falls man in einem fremden Land selbst Gastgeber sein möchte, kann man dies in Form einer Einladung in ein

---

[243] Vgl. Gustke, Rainer: Geschäftspartner Iran. 2., aktualisierte Aufl., Köln, Berlin: Bundesstelle für Außenhandelsinformation, 1993, S. 86.
[244] Vgl. Semich, Max-Helmut (2000), S. 88.
[245] Vgl. Denffer, Ahmad von (1994), S. 106.
[246] Vgl. Qaradawi, Jusuf Al- (1998), S. 49.

Restaurant tun. Es empfiehlt sich, nicht auf die Rechnung zu warten, da hier der Eingeladene versuchen wird, selbst die Kosten zu übernehmen. Oft sind regelrechte „Auseinandersetzungen" um das Begleichen einer Rechnung zu beobachten. Um dies zu verhindern, kann man den Kellner bereits vorher diskret aufsuchen.

Gastfreundschaft und die besondere Stellung des Reisenden sind fundamentale Bestandteile der Religion. Beides wird an mehreren Stellen durch Aussprüche Muhammads (s) und im Koran bestätigt.[247]

Die Berücksichtigung der verbotenen Nahrungsmittel sollte natürlich auch bei Gastgeschenken eingehalten werden. Diese sind durchaus üblich, besonders bei der Einladung nach Hause.[248] Das Schenken von Statuen sowie menschlicher oder tierischer Abbildungen sollte vermieden werden, da dies im Islam unerwünscht ist. Es soll kein Gleichnis neben Gott gestellt werden, daher werden insbesondere plastische Figuren von Mensch oder Tier nicht aufgestellt oder aufgehängt.[249] Das Fotografieren selbst ist erlaubt, allerdings sollte stets um Erlaubnis gebeten sowie gegenüber fremden Frauen ganz darauf verzichtet werden.[250] Dies könnte als Verletzung der Intimsphäre aufgefasst werden.

4.2. Höflichkeitsformen

Höflichkeit spielt im Islam eine sehr große Rolle. So findet sich auch eine formelle Etikette zum Verhalten bei Begegnungen. Muslime untereinander grüßen und verabschieden sich mit der Formel *as-salamu ´alaikum* (wörtlich *Friede auf euch*). Diese wird mit *wa ´alaikum as-salam* (wörtlich *und auf euch sei Friede*) beantwortet. Hier sollte von einem Nichtmuslim nicht unbedingt die Initiative ergriffen werden, da es sich um einen Ausdruck religiösen Ursprungs handelt. Ein Reagieren mit diesen Worten ist jedoch durchaus möglich. Da sich

---

[247] Vgl. Ibn Rassoul, Abu-r-Rida´ Muhammad Ibn Ahmad: Auszüge aus dem Sahih Al-Buharyy. Aus dem Arabischen übertragen und kommentiert. 8., verbesserte und im Anhang erweiterte Aufl., Köln: IB Verlag Islamische Bibliothek, 1996, S. 589.

[248] Vgl. Farooqui, Muhammad Zubair: Islam and Everyday Living. Islamabad: Islamic Research Institute, 2000, S. 60.

[249] Vgl. Munajjid, Muhammad Salih Al-: Muharramat. Forbidden Matters Some People Take Lightly. Riad: International Islamic Publishing House, 2000, S. 75.

[250] Vgl. Ibn Rassoul, Abu-r-Rida´ Muhammad Ibn Ahmad (1997), S. 282.

auch Fremde häufig begrüßen, empfiehlt es sich, die entsprechende Variante einer regionalen Grußformel in der Landessprache zu erlernen.

Das gegenseitige Erkundigen nach dem Wohlbefinden ist obligatorisch. Im Islam ist es aber nicht üblich, sein Leid zu klagen, da dies als Undankbarkeit gegenüber Gott verstanden wird. So wird diese Frage auch unter Freunden meist positiv beantwortet. Es ist durchaus üblich, sich öfter nach der Verfassung zu erkundigen, so dass dies zahlreiche Male während eines Gesprächs stattfinden kann.[251] Dies ist nicht als oberflächliche Routine zu interpretieren, sondern gibt dem Befragten die Möglichkeit, sich ein oder mehrmals durch beispielsweise den Ausdruck al-hamdu-lillah (wörtlich alles Lob gebührt Allah, zu vergleichen mit Gott sei Dank) seinem Schicksal ergeben zu zeigen, bevor im weiteren Verlauf vielleicht doch einige ernstere Begebenheiten miteinander geteilt werden. Sowohl bei der Begrüßung als auch im Verlauf eines Treffens ist im islamischen Raum mehr Körperkontakt üblich als im Westen. So kann eine Umarmung zur Begrüßung, wenn ungewohnt, zwar als unangenehm empfunden werden, sollte aber nicht forsch zurückgewiesen werden. Auch das Händehalten von Männern in der Öffentlichkeit ist auf keinen Fall als Homosexualität zu interpretieren. Es ist möglich, dass man an der Hand zur nächsten Kreuzung geführt wird, um von dort den Weg gewiesen zu bekommen. Ebenso ist der direkte Augenkontakt üblicher als in westlichen Ländern.[252] Diese Form des Umgangs gilt nicht bei zwischen-geschlechtlichen Begegnungen, wo Berührungen und intensiver Augenkontakt zu vermeiden sind.

Zur äußeren Erscheinung gehört eine gepflegte Kleidung. Kurze Ärmel und Hosen bei Männern sowie freizügige Kleidung bei Frauen sind auch bei Hitze unangebracht. Insgesamt sollte die Kleidung eher weiter als figurbetont sein.[253] Besonders zu Beginn der Geschäftsbeziehungen empfiehlt sich formale Kleidung.

Im Islam zählt der persönliche Eindruck oft mehr als der faktische. Man sollte nicht mit der Tür ins Haus fallen und das Gespräch nicht mit der Geschäfts-

---

[251] Vgl. Heine, Peter (2001), S. 60.
[252] Vgl. Commer, Heinz / Thadden, Johannes von. Managerknigge 2000. Das internationale ABC der erfolgreichen Umgangsformen. 2. Aufl., München: Econ & List, 1999, S. 231.
[253] Vgl. Farooqui, Muhammad Zubair (2000), S. 48.

absicht beginnen. Die ausführliche Form der Begrüßung dient auch dazu, den Gesprächspartner einschätzen zu können. Für Treffen sind größere Zeitfenster einzuräumen als im Westen. Ein nur sachliches Ergebnis unter Zeitdruck zu erreichen, wird als unhöflich aufgefasst. Von Besuchern aus dem Westen wird Pünktlichkeit (aber kein verfrühtes Erscheinen) erwartet.[254] Der orientalische Zeitbegriff ist dagegen sehr dehnbar. Eventuelle Verspätungen sollten nicht persönlich genommen werden. Man kann Druck vorbeugen, indem man sich genug Zeit nimmt und sich selbst auf zeitliche Flexibilität einstellt. Generell sind Beziehungen zum islamischen Raum eher auf Langfristigkeit ausgerichtet, und oft sind mehrere Besuche nötig, um das vorausgesetzte Vertrauen zu erlangen.[255]

Häufig fällt es zudem schwer, sich die ausländischen Namen zu merken. Eine gute Gelegenheit, diese lernen zu können, ist der übliche Austausch von Visitenkarten. In manchen Regionen wird großer Wert auf die Verwendung von Ehrentiteln gelegt. Für das Angebot zum „Du" bzw. zur Nennung beim Vornamen sollte die Initiative dem Partner überlassen werden.[256]

4.3. Die Einladung nach Hause

Eine Einladung in den Privatbereich, die durchaus mit Geschäftlichem verbunden sein kann, ist auch eine Form, Vertrauen und Nähe zu zeigen. Sie sollte deshalb nicht ausgeschlagen werden. Kleine Gastgeschenke sind üblich. So werden diese oft relativ kommentarlos entgegengenommen und bei weiteren Treffen nicht mehr erwähnt. Dies ist auch unter Freunden so und bedeutet nicht, dass man etwas Unpassendes überreicht oder der Empfänger sich nicht gefreut hat. Es eignen sich Mitbringsel aus dem Westen und beispielsweise Süßspeisen.

Zu der Vorstellung von Reinheit gehört es, in muslimischen Haushalten die Schuhe auszuziehen.[257] Man sieht schnell, ob der Gastgeber im eigenen Haus selbst Schuhe trägt oder nicht und kann sich entsprechend anpassen. In vielen

---

[254] Vgl. Kramer, Hans-Joachim: Geschäftspartner Ägypten. Köln, Berlin: Bundesstelle für Außenhandelsinformation, 1991, S. 66.
[255] Vgl. Gustke, Rainer (1993), S. 51.
[256] Vgl. Commer, Heinz / Thadden, Johannes von (1999), S. 182.
[257] Vgl. Heine, Peter (2001), S. 90.

islamischen Familien ist es üblich, dass die Frau oder die Frauen des Hauses dem Treffen nicht beiwohnen. Die Familie, insbesondere der weibliche Teil, wird als etwas sehr Privates und Schützenswertes betrachtet. Dies ist auch der Grund, warum bei einer Einladung zum Essen oder anderen Begegnungen häufig Geschlechtertrennung herrscht. Man sollte sich deshalb auch nicht wundern, wenn der eingeladene Geschäftspartner ohne die Begleitung seiner Frau erscheint. Sind ein Mann und eine Frau eingeladen, können diese beide bei den gastgebenden Männern sitzen, es zeugt aber von guter Sitte, wenn die eingeladene Frau der Gesellschaft der Frauen beiwohnt, sofern eine solche Trennung von der Gastgeberfamilie vorgesehen ist. Oft wird weiblichen Besuchern so ein wesentlich tieferer Einblick in das fremde Familienleben gegeben. Unter den Frauen herrschen keine Berührungsschwierigkeiten.[258]

Wie zuvor kurz angesprochen, ist der Körperkontakt auf eigene Initiative hin zum anderen Geschlecht, selbst in Form eines Händereichens, zu vermeiden. Wenn einem die Hand entgegengestreckt wird, kann der Gruß selbstverständlich erwidert werden. Eine freundliche Form der Begrüßung gegenüber dem anderen Geschlecht stellt das Legen der rechten Hand auf die eigene Brust verbunden mit einer angedeuteten Verbeugung dar. Dies kann auch gegenüber Männern, insbesondere bei räumlicher Entfernung oder der Begrüßung einer Gruppe, angewandt werden.[259]

Neben dem Körperkontakt zu Nichtverwandten des anderen Geschlechts sollte auch das direkte Sitzen neben diesen oder Komplimente bezüglich des Aussehens oder der Kleidung vermieden werden. Ein derartiges Verhalten kann als Verletzung des Respekts gegenüber einer muslimischen Frau verstanden werden. Gute Kenntnisse vom Umgang zwischen den Geschlechtern kann man beweisen, indem für den Fall, dass sich nur zwei Personen unterschiedlichen Geschlechts in einem Raum aufhalten, darauf geachtet wird, die Türen nicht zu schließen. Dies gilt auch für den Umgang mit muslimischem Personal des anderen Geschlechts. Dies rührt daher, dass sich ein fremder Mann und eine fremde Frau zur Vermeidung unsittlichen Kontakts und unnötiger Gerüch-

---

[258] Vgl. ebd., S. 87.
[259] Vgl. ebd., S. 59.

te nicht alleine treffen sollen. Die offene Tür bei einem Arbeitsgespräch schafft die Verbindung zur Öffentlichkeit.[260]

Beim Essen wird man meist über seine Kapazitäten hinaus versorgt. Ein üppiges Mahl gehört zur Gastfreundschaft und zum guten Ton. Sich hier als kleinlich zu erweisen, gilt als Stilbruch. Oft ist die einzige Chance, sich aus der Affäre zu ziehen, den Teller nicht vollständig zu leeren. Dieser wird in der Regel sonst immer wieder befüllt.

Muslime essen und trinken mit der rechten Hand. Das liegt daran, dass alle „unreinen" Tätigkeiten mit links erledigt werden.[261] Hierin sollte man sich anpassen. Das Reichen insbesondere von Essen oder Almosen sollte ebenfalls mit rechts erfolgen. Falls bei einer Begrüßung aus irgendeinem Grunde die rechte Hand nicht gereicht werden kann, darf stattdessen nicht die linke angeboten werden.

Am besten isst man erst nach der Aufforderung dazu. Entsprechend sollte man muslimische Gäste auch mehrfach dazu auffordern, sich zu bedienen, und nicht auf die Äußerung eines Wunsches nach Nachschlag warten.[262] Es bedarf eines gewissen Gespürs, wann es Zeit ist zu gehen. Meist wird nach dem Abendessen noch eine Süßspeise sowie Tee oder Kaffee serviert. Nach diesem ist ein Treffen üblicherweise beendet. Ein Akt der Höflichkeit ist das Begleiten des Gastes bis zum Auto oder zumindest aus dem Haus hinaus.[263]

In den meisten Fällen des Besuchs in einem muslimischen Haushalt wird man ausgesprochener Gastfreundschaft und Großzügigkeit begegnen. Deshalb sollte man mit der Äußerung von Wünschen vorsichtig umgehen. Es ist sehr wahrscheinlich, dass der Gastgeber versucht, diesen nachzukommen, und wenn nicht bei diesem Treffen, dann zu einer anderen Zeit. Vorsicht ist auch bei dem Ausdruck von Bewunderung gegenüber Gegenständen geboten, da der Gastgeber es als seine Pflicht auffassen könnte, diese zum sofortigen Geschenk zu machen.

---

[260] Vgl. Umm-Yussuf, Iman (1998), S. 9.
[261] Vgl. Badawi, Jamal A.: Al Taharah. The Islamic Concept of Cleanliness. Lahore: Nisar Art Press, ohne Jahr, S. 15.
[262] Vgl. Heine, Peter (2001), S. 92.
[263] Vgl. ebd., S. 94.

4.4. Gesprächsstoff und Anbahnung einer Unterhaltung

Sowohl bei privaten als auch bei geschäftlichen Treffen kommt vor der sachlichen Erörterung die Phase des Small Talks. Hier bieten sich die auch im Westen üblichen Themen wie das Wetter oder Ähnliches an. Im Orient wird selbst unter Fremden schnell über Politik und Religion gesprochen. Je nach politischem System können unvorsichtige Äußerungen oder Kritik an der Regierung unangenehme Folgen haben. Hier empfiehlt es sich, sein Gegenüber den Ton angeben zu lassen und sich eher allgemein auszudrücken.[264] Dies gilt ebenso für die Stellungnahme zu brisanten ethnischen oder gesellschaftlichen Konflikten wie die Lage in Palästina.

Zu den Lieblingsthemen der Muslime gehört vor allem die Religion. Wie man sich vorstellen kann, wirkt undifferenzierte Kritik sehr verletzend. Das Thema ist aber deshalb nicht zu vermeiden. Interessierte Fragen werden wohlwollend beantwortet. Generell sind solche Fragen eine gute Form der Kontaktaufnahme und der Annäherung. Auch das Herausstellen von Gemeinsamkeiten zum Beispiel zwischen dem Christentum und dem Islam bietet sich gut an. Oft trifft man auf über andere Religionen erstaunlich gut informierte Gesprächspartner.

Bei der Auswahl der Gesprächsthematik ist weiter darauf zu achten, dass im Islam das Thema Sexualität nicht für die Öffentlichkeit bestimmt ist. In diesem Bereich ist folglich Distanz zu wahren, und Anspielungen oder zweideutige Scherze sind unbedingt zu vermeiden. Eine höfliche Form, sich nach dem Wohlbefinden der Frau eines Geschäftspartners zu erkundigen, die man zuvor bei einem Treffen kennen gelernt hat, wäre die Frage nach dem Wohle der Familie, selbst wenn diese nur aus der Frau besteht. Die direkte Nennung des Namens der Frau wäre eher unangebracht, da dies als indiskret angesehen werden könnte.

4.5. Die Persönlichkeit zählt

Wie dargelegt, spielt der persönliche Eindruck eine sehr große Rolle. Diesem wird häufig mehr Gewicht eingeräumt als rein faktischen Tatsachen wie Preise

---

[264] Vgl. Semich, Max-Helmut (2000), S. 87f.

oder Konditionen. Genauso wie man sich durch harsches Auftreten unbeliebt machen kann, ist es möglich, durch fachliches und sozialkompetentes Auftreten zu beeindrucken. Da der gute Ruf einen sehr hohen Stellenwert hat, ist nicht nur auf den eigenen zu achten, sondern erweist sich die Gewinnung von Referenzkunden und Kontakten, auf die man sich bei anderen Geschäftspartnern beziehen kann, als äußerst wertvoll. Oft beschleunigen diese auch den Umgang und den Erfolg gegenüber staatlichen Reglementierungen. Bei entsprechendem Verhältnis ist es durchaus nützlich, mit der Hilfe von Empfehlungen vorzugehen.[265]

Als erwünschte Eigenschaften sind im Koran explizit mitunter die Beherrschung, das maßvolle Auftreten und das Zügeln des Temperaments erwähnt.[266] Für den Besucher gilt es folglich, die Fassung auch in schwierigen Situationen zu wahren, nicht laut zu werden und auch nicht prahlerisch oder überheblich aufzutreten. Ein Verlust der Kontrolle oder ein Fehlbenehmen hätte hier zur Folge, dass man nicht mehr besonders ernst genommen würde.

4.6. Die Geschäftsverhandlung

Was Verhalten, Höflichkeitsformen und die Gesprächsaufnahme betrifft, wurden zuvor einige Grundsätze eruiert. Wichtig ist zudem die Interpretation von Mimik und Gestik. Da diese regional sehr stark abweichen, gibt es hierfür kein Patentrezept. Wichtig ist also die Erfahrung und die Fähigkeit der Beobachtung. Um keine ungewollten Aussagen durch Körpersprache zu machen, empfiehlt es sich, zumindest bewusst mit der eigenen Gestik umzugehen. Ein gutes Beispiel für ein Verhandlungsritual, bei dem alle Formen des Ausdrucks zur Geltung kommen, ist der Einkauf auf einem orientalischen Basar. Das Handeln gehört zur orientalischen Kultur und hat tiefe Wurzeln. Beim alltäglichen Einkauf lassen sich das Verhandlungsgeschick und der menschliche Umgang also ohne große Folgen trainieren. Das Verhandeln wird auch bei wirtschaftlichen Großprojekten Teil des Geschäfts sein. Um keinen zu hohen Preis zu zahlen, ist hier entsprechende Erfahrung nötig. Ebenso sollte man sich auf keinen Fall seinem Partner gegenüber preislich und konditionell starr verhalten. Vernünftiger ist es, den Abschlag einzukalkulieren und dem anderen das Gefühl

---

[265] Vgl. Kramer, Hans-Joachim (1991), S. 66.
[266] Koran, Sure 28, Verse 50 und 54f.

von Erfolg zu vermitteln.[267] Die Gegenseite wird dies ebenso tun. Auf folgende drei Perspektiven sollte man sein Augenmerk während der Verhandlungen oder Besprechungen richten:[268]

- Achten Sie bewusst auf Ihre Handlungen und Aussagen.
- Versuchen Sie wahrzunehmen, welche Bedeutung die Gegenseite Ihren Worten beimisst.
- Beobachten Sie die Aussagen und Handlungen Ihres Gegenübers vor dessen persönlichem und kulturellem Hintergrund.

Unter diesen verschiedenen Blickwinkeln sollte man sich auch auf die Gespräche vorbereiten. Etwas aus eigener Sicht glanzvoll zu präsentieren, muss nicht heißen, dass die erbrachte Leistung und eigene Position vor dem kulturellen Hintergrund des Kontrahenten ebenfalls als wertvoll und richtig verstanden wird.

Die Religion prägt durch ihre Grundsätze nicht nur den Wirtschaftsbereich, sondern auch die Auffassung des Wirtschaftens im Rahmen einer Grundhaltung gegenüber dem Leben. Neben dem interpersonellen Dialog ist auch auf religiös bedingte Konsummuster, die damit verbundene Art der Werbung sowie exogene Rahmenfaktoren zu achten. Welche Voraussetzungen international arbeitende Geschäftsleute mitbringen müssen und wie diese entwickelt oder verbessert werden können, zeigen die nächsten beiden Kapitel.

5. Persönliche Voraussetzungen für interkulturelle Arbeit

Ein Auslandseinsatz „zwingt" den Entsandten dazu, unter meist fremden Umständen und Rahmenbedingungen zu agieren. In welchen Bereichen durch den Islam geprägte Kollegen und Geschäftspartner sensibel sind und welche

---

[267] Vgl. Geertz, Clifford: Suq. The Bazar Economy in Sefrou. In: Geertz, Clifford / Geertz, Hildred / Rosen, Lawrence (Hrsg.): Meaning and Order in Moroccan Society. Cambridge u.a.: Cambridge University Press, 1979, S. 123-313, S. 225f.
[268] Vgl. Salacuse, Jeswald W.: International erfolgreich verhandeln. Mit den wichtigsten kulturellen, praktischen und rechtlichen Aspekten. München: Heyne, 1992, S. 55.

Eigenarten sie aufweisen, wurde diskutiert. Neben kulturellen Besonderheiten treten noch eine Reihe weiterer Einflussfaktoren in Erscheinung.

Was die Verständigung betrifft, wird man überwiegend in fremden Sprachen kommunizieren und verhandeln müssen. Dazu kommt das fremde Territorium, in dem die Orientierung schwerer fällt und das klimatisch zur physischen Belastung werden kann, besonders die Hitze in den arabischen Ländern. Zusätzlich wird man mit Reisestrapazen, der Trennung von der Familie und manchmal ungewohnten hygienischen Verhältnisse konfrontiert. Eine starke Physis und die Fähigkeit, sich schnell zu orientieren und gut zu verständigen, sind also von Vorteil. Was die nötigen Charaktereigenschaften betrifft, so ist eine Umstellung auf die neue Umgebung nicht so schnell möglich wie die Anpassung der Garderobe. Geduld, Sensibilität und Flexibilität sind nötig, um das angestrebte Ziel zu erreichen. Diese Eigenschaften aufzubringen, wird mit innerer Sicherheit und ganz besonders mit einer offenen und positiven Haltung gegenüber dem Fremden leichter. Es dürfte schwer fallen, langjährige Geschäftsbeziehungen erfolgreich aufrecht zu erhalten, wenn man eine Abneigung und Intoleranz gegenüber der anderen Kultur und ihren Menschen verspürt. Es fördert das Verständnis, wenn man Beobachtungen bewusst analysiert, um daraus zu lernen. Dies schafft auch eine Grundlage für die Anpassung an das fremde Geschehen. Fähigkeiten, die im Umgang mit Menschen generell wichtig sind, wie die Einschätzung des Gegenübers, Teamfähigkeit, Offenheit, Rücksicht und Menschenkenntnis, kommen unter den erschwerten Bedingungen im Ausland besonders zum Tragen. Vieles hiervon kann durch Wissenserwerb und Arbeit an der eigenen Person optimiert werden.

6. Verbesserung der eigenen Fähigkeiten und Vorbereitung

Neben der Vorbereitung durch das Unternehmen im Stammland gibt es eine Vielzahl von Wegen, sich im privaten Bereich für Auslandsaktivitäten zu präparieren. Neben Sprachstudien bietet sich die Beschaffung von Informationen aus dem politischen, sozialen und kulturellen Bereich an. In unserem Beispiel bedeutet dies, sich in jedem Fall Grundwissen über den Islam anzueignen. Eine gute Möglichkeit zur Einstimmung ist auch ein Urlaub vor der geschäftlichen

Tätigkeit.[269] Weiter sind Informationen über rechtliche und organisatorische Aspekte wichtig, die den eigenen Aufenthalt betreffen, ebenso das Verständnis der fremden Motive und Motivationen.[270]

Weitere Richtlinien für interkulturelle Arbeit finden sich bei Laurent, unter denen die wichtigsten wie folgt lauten:[271]

- Das Bewusstsein über die eigene Kultur
- Die Nutzung fremder Begegnungen als Spiegel zur eigenen Identität
- Respekt und Anpassung sind wichtig, man sollte sich aber vor einer Imitation hüten
- Das Bewusstsein darüber, dass der eigene Weg nur einer von vielen ist
- Den Versuch vermeiden, Unterschieden aus dem Weg zu gehen
- Die Wertschätzung der kulturellen Vielfalt, damit diese Unterschiede positive Effekte hervorbringen können
- Die Fähigkeit, stereotype Vorstellungen zu aktualisieren
- Erst zuhören und beobachten, bevor geurteilt wird
- Vertrauen ist der wichtigste Baustein, und dieses kann nur durch persönlichen Kontakt aufgebaut werden

Unterschiedliche Kulturen sollten also nicht nur als zu überwindendes Hemmnis betrachtet werden, sondern können aufgrund ihrer Vielfalt einen Zugewinn und Wettbewerbsvorteil, gerade in international operierenden Unternehmen, darstellen.

---

[269] Vgl. Dülfer, Eberhard (1997), S. 535f.
[270] Vgl. Apfelthaler, Gerhard (1999), S. 188.
[271] Vgl. Laurent, André: Learning at the Crossroads of Cultures. 30 Tips on How to Learn Across Cultures. In: Reineke, Rolf-Dieter / Fussinger Christine (Hrsg.): Interkulturelles Management. Konzeption – Beratung – Training. Wiesbaden: Gabler, 2001, S. 295-300, S. 297ff.

Alle Menschen sind verschieden und einzigartig. Die gleichgerichtete Prägung durch umgebungsbedingte Einflüsse macht es jedoch möglich, Gruppen von Individuen mit Ähnlichkeiten in ihrer Art zu denken, zu handeln und zu kommunizieren zu kulturellen Gemeinschaften zusammenzufassen. Mit diesem Wissen ist es möglich, sich zum besseren Verständnis und zum erfolgreichen Geschäftsabschluss auf Besonderheiten in der Kommunikation einzustellen. Es macht dabei nur einen geringen Unterschied, zu welchem Anlass man sich begegnet, ob beim Geschäftsessen, bei einer privaten Einladung oder in Form eines Arbeitgeber-Angestellten-Verhältnisses. Der kulturelle Hintergrund, in dem Religion einen dominanten Teilbereich darstellt, besteht in allen Lebenslagen. Um die verschiedenen Einflüsse des fremden Umfeldes, das man besuchen möchte, kennen zu lernen, gibt es eine Vielzahl von Techniken und verfügbare Theorien. Dies alleine jedoch, ohne die Bereitschaft, sich auch innerlich auf neue Begegnungen und Begebenheiten einzulassen, ergibt nur für einen Theoretiker Sinn. Die innere Bereitschaft, Sensibilität und die Fähigkeit zu beobachten und sich anhand der neu gewonnenen Daten auch umzustellen, sind Charaktereigenschaften, die für Aufgaben im interkulturellen Bereich unumgänglich sind. Jeder steht an einem anderen Punkt in der Entwicklung, doch viele der vorausgesetzten Wesenszüge sind erlernbar.

In einer sich schnell verändernden und zusammenwachsenden Welt, in der Wissenschaft und Technologie massiv in aller Leben eingreifen, tritt die Eigenleistung des Lesens zwischen den Zeilen und dem Trainieren von „soft facts" zunehmend in den Hintergrund. Der erste Schritt ist, sich dessen bewusst zu werden. Nicht alles, was technisch möglich ist, erweist sich als sinnvoll in der Umsetzung und kann in gleichem Tempo wie die technologische Entwicklung vom Menschen verinnerlicht werden. Bei der Einordnung der Muslime und ihrer Religion, die sich auf alle Bereiche des Lebens niederschlägt, versagen manche klassischen Ansätze. Liegt einem die fremde Sicht nicht, steht es jedem frei, sich abzuwenden. Möchte man aber mehr erfahren, ist es nötig, unter die Oberfläche zu blicken. Hier sind die Masseninformationen der Medien allerdings nicht ausreichend.

Vielleicht tut sich die Menschheit den Gefallen, näher zusammenzurücken und sich zu verständigen. Vielleicht muss der Druck von außen noch viel größer werden, oder dieser Schritt wird nie erfolgen, und die Entwicklung der ungerechten Verteilung und Behandlung nimmt immer gravierendere Ausmaße an. Der Muslim, der alle Macht bei Gott sieht, sagt bei solchen Fragen: *Inscha`Allah* – So Gott will.

D. Glossar

'alaihi-s-salam — wörtlich *Friede auf ihm*, Segensformel nach Nennung von Propheten, kurz (as)

al-hamdu-lillah — wörtlich *alles Lob gebührt Allah*, zu vergleichen mit *Gott sei Dank*

Amir — Befehlshaber, Anführer

'Aqdu-l-Hirasa — Treuhandvertrag

'Aqila — Haftung für Gefahren des Weges (vgl. *Daman*)

Arkan — unerlässliche Bestandteile, z.B. eines Vertrags

as-salamu 'alaikum — wörtlich *Friede auf euch*, Formel der Begrüßung

Baitu-l-Mal — Staatskasse oder heutzutage Staatshaushalt

Baraka — Segen

batil — nichtig (z.B. Vertrag)

Bay' — Veräußerungsgeschäft

Bay'u-d-Dain bi-d-Dain — Handel von Schuldverhältnissen

Bay'u-l-Gharar — glücksspielartiges Risikogeschäft

Bay'u-l-Musarrah — Verbot der Vortäuschung anderer Eigenschaften eines zum Verkauf bestimmten Tieres, z.B. durch mangelndes Melken

Bay'u-l-Urbun — Verkauf gegen eine Anzahlung

Daman — Haftung für Gefahren des Weges (vgl. *'Aqila*)

Daru-l-Harb — nach Imam Abu Hanifa Territorium, in dem

	Muslime aufgrund ihrer Religion um Leib und Leben fürchten müssen
Dhimmi	nichtmuslimische Mitbürger eines islamischen Staates
Din	vereinfacht übersetzt als Religion, fachspezifisch die Lebensweise gemäß der Botschaft des Propheten Muhammad (s) als ein durch die *Scharia* geschützter Wert
Dschahala	Unkenntnis
´Eid mubarak	wörtlich *gesegnetes Fest*, Gruß zu den islamischen Feiertagen
Fa`ida	Mehrwert, oft als Synonym für *Riba* verwendet
fasid	schlecht, fehlerhaft, unvollkommen (z.B. Vertrag)
Fatwa	Gutachten oder Stellungnahme einer im Islam entsprechend qualifizierten Person zu eine Frage in *Scharia*-Angelegenheiten
Fiqh	die Ableitung von praxisbezogenen *Scharia*-Normen aus den Primärquellen Koran und *Sunna*
Fuqaha`	Islamische Gelehrte
Gharar	Risiko
Hadith	die expliziten Aussprüche des Propheten Muhammad (s)
Hadsch	die Pilgerfahrt im Islam
halal	nach der Scharia erlaubt
haram	nach der *Scharia* verboten

Hasa	Stein; gemeint ist eine Verkaufsform vor dem Islam, die eine Form der Unsicherheit birgt
Hiba	Schenkung
Hidschra	die Auswanderung von Mekka nach Medina im Jahre 622 (stellt auch den Beginn der islamischen Zeitrechnung dar)
Ibaha	rechtliche Unbedenklichkeit
Idschara	Leasing
Idschma´	Übereinstimmung aller Gelehrtenmeinungen in einer bestimmten Frage
Idschtihad	Anstrengung zum Erkennen einer *Scharia*-Norm
Ihtikar	Verbot der Teuerung durch künstliche Verknappung
Imam	Vorsteher im Gebet oder einer Gemeinschaft
Inscha`Allah	wörtlich *so Gott will*
Iqala	Aufhebung eines Vertrages
Istisna	Werkvertrag
Kafala	Bürgschaft
Khalifa	Nachfolger
Khilafa	Nachfolgerschaft
Koran	Die Sammlung von Offenbarungen, die der Engel Dschibril dem Propheten Muhammad (s) ver-

kündete. Der Koran ist nicht die bloße schriftliche Sammlung in einem Buch, sondern der bis heute lückenlos tradierte Inhalt der bedeutendsten islamischen Quelle.

Madhahib	Plural von *Madhab*, die Schulen des Islam
makruh	nach der *Scharia* unerwünscht
mandub	nach der *Scharia* erwünscht
Maslaha	der positive Aspekt für die Gemeinschaft im Sinne des Islam
mubah	nach der *Scharia* zulässig, erlaubt
Mu`dschir	Leasinggeber
Mudaraba	Beauftragung eines Maklers
Mudarrib	der für Management und Arbeit allein Verantwortliche bei der *Mudaraba*
Mudschtahid-Gelehrter	anerkannter Experte in der Islamwissenschaft, der zum *Idschtihad* befähigt ist
Mufawada	Tausch einer Ware gegen eine ähnliche
Muqamara	Glücksspielcharakter oder Wette
Murabaha	Verspätete Zahlung
Muscharaka	kontinuierliche und abnehmende partnerschaftliche Beteiligung
Musta`dschir	Leasingnehmer
mustahab	nach der *Scharia* empfohlen, erwünscht

Nadschasch	fingierte Nachfrage
Nisab	Mindestgrundlage für die *Zakat*
Niya	Absicht
Qadi	Richter
Qard	Darlehen
Qard hassana	wohltätiges Darlehen
Qiyas	Analogieschluss; die logische analoge Übertragung der Bewertung bekannter Normen auf neue und zu klärende Fragen
Rabbu-l-Mal	Geldgeber bei *Mudaraba*
radia-l-lahu ´anhu/´anha	wörtlich *Allahs Wohlgefallen auf ihm/ihr*, Segensformel nach Nennung von Gefährten und Gefährtinnen des Propheten Muhammad, kurz (r)
raschid	mündig
Riba	Jegliche Art von Zuwachs, Vermehrung, Überschuss oder Aufschlag. *Riba* ist als Synonym für Zins zu verstehen.
Riba al-Fadl	Zins bei Kaufgeschäften
Riba an-Nasi`a	Zins bei Darlehen
Risala	Botschaft des Propheten
Sadaqa	Freiwillige Spende
Salaf	Synonym zu *Qard*

Salah	Gebet der Muslime
Salam	Vorauszahlung
salla-l-lahu ʿalaihi wa sallam	wörtlich *Allahs Segen und Heil auf ihm*, Segensformel nach Nennung des Propheten Muhammad, kurz (s)
Sarf	Geldwechsel
Saum	auch *Siyam*; das rituelle Fasten, zum Beispiel im Monat Ramadan
Schaitan	Teufel; derjenige, der vom geraden Weg Gottes abbringt
Scharia	wörtlich *der gerade Weg zur Wasserstelle*, kann als Gesamtheit aller von Allah gegebenen Ge- und Verbote, die in Koran und *Sunna* zu finden sind, bezeichnet werden
Schiiten	Muslimische Strömung. Die Spaltung der Muslime in Sunniten und Schiiten geht überwiegend auf Dispute bezüglich der politischen Nachfolge nach dem Tode Muhammads (s) zurück.
Schirka	Gesellschaft, Firma
Schura	verpflichtende kollektive Beratung
Sunna	die zweite Primärquelle nach dem Koran mit den Überlieferungen des Verhaltens und der Aussprüche Muhammads (s)
Sunniten	Muslimische Strömung. Die Spaltung der Muslime in Sunniten und Schiiten geht überwiegend auf Dispute bezüglich der politischen Nachfolge nach dem Tode Muhammads (s) zurück.

Tauhid	Bezeugung der Einheit und Einzigkeit Gottes
Udschadsch	Saurer, ungenießbarer Regen
`Urf	Örtliche Sitte
wa `alaikum as-salam	wörtlich *und auf euch sei Friede*, Antwort auf die Begrüßung *as-salamu `alaikum*
Wa`d	das bindende Versprechen
wadschib	nach der *Scharia* verpflichtend
Wala`u-l-Muwalaat	das gemeinsame Tragen von finanziellen Verpflichtungen bei Eintreten besonderer Notfälle
Waqf	Stiftung
Wudhu`	Gebetswaschung
Zakat	rituell vorgeschriebene Sozialabgabe

E. Literaturverzeichnis

Ahmad, Khurshid: Foreword. In: Siddiqi, Muhammad Nejatullah: Insurance in an Islamic Economy. 2. Aufl., Leicester: The Islamic Foundation, **1987**, S. 5-6

Ahmad, Khurshid: Economic Development in an Islamic Framework. 2. Aufl., Leicester: Joseph A. Ball, **1994**

Ahmad, Khurshid (Hrsg.): Islam. Its Meaning and Message. 5. Aufl., Lahore: A.H. Publishers, **1997**

Ahmed, Ehsan (Hrsg.): Role of Private and Public Sectors in Economic Development in an Islamic Perspective. Proceedings of the Fifth International Islamic Economics Seminar. Herndon, Virginia: International Institute of Islamic Thought, **1996**

Ali, Salman S.: Stock Market: An Islamic Perspective. In: Sahibzada, Mohibul Haq (Hrsg.): Emerging Role of Stock Markets in Pakistan Economy. Islamabad: Institute of Policy Studies, **1995**, S. 69-81

Ali, Syed Ahmad: Social and Economic Aspects of the Islam of Mohammad. Lewiston, Queenston, Lampeter: Edwin Mellen Press, **1993**

Amereller, Florian: Hintergründe des "Islamic Banking". Rechtliche Problematik des *riba*-Verbotes in der Shari'a und seine Auswirkungen auf einzelne Rechtsordnungen arabischer Staaten. Berlin: Duncker und Humblot, **1995**

Apfelthaler, Gerhard: Interkulturelles Management. Die Bewältigung kultureller Differenzen in der internationalen Unternehmenstätigkeit. Wien: Manz, **1999**

Azzam, 'Abd al-Rahman: The Life of the Prophet Muhammad. In: Ahmad, Khurshid (Hrsg.): Islam. Its Meaning and Message. 5. Aufl., Lahore: A.H. Publishers, **1997**, S. 59-80

Badawi, Jamal A.: Al Taharah. The Islamic Concept of Cleanliness. Lahore: Nisar Art Press, **ohne Jahr**

Badran, Hania: Sozio-kulturelle Aspekte der Wirtschaftsbeziehungen im arabischen Raum. Linz: Universitätsverlag Rudolf Trauner, **1995**

Bashir, Abdel Hamid: Money and Growth in Islamic Economics. Theory and Evidence. In: Ahmed, Ehsan (Hrsg.): Role of Private and Public Sectors in Economic Development in an Islamic Perspective. Proceedings of the Fifth International Islamic Economics Seminar. Herndon, Virginia: International Institute of Islamic Thought, **1996**, S. 147-165

Beekun, Rafik Issa: Islamic Business Ethics. Herndon, Virginia: International Institute of Islamic Thought, **1997**

Busse, Franz-Joseph: Grundlagen der betrieblichen Finanzwirtschaft. 4., völlig überarbeitete und wesentlich erweiterte Aufl., München, Wien: Oldenbourg, **1996**

Chapra, Muhammad Umer: Towards a Just Monetary System. A Discussion of Money, Banking and Monetary Policy in the Light of Islamic Teachings. Leicester: The Islamic Foundation, **1985**

Chapra, Muhammad Umer: Islam and the Economic Challenge. Herndon, Virginia: International Institute of Islamic Thought, **1992**

Chapra, Muhammad Umar: Objectives of the Islamic Economic Order. In: Ahmad, Khurshid (Hrsg.): Islam. Its Meaning and Message. 5. Aufl., Lahore: A.H. Publishers, **1997**, S. 173-195

Choudhury, Masadul Alam: Contributions to Islamic Economic Theory. A Study in Social Economics. Houndmills u.a.: Macmillan Press, **1986**

Commer, Heinz / **Thadden**, Johannes von: Managerknigge 2000. Das internationale ABC der erfolgreichen Umgangsformen. 2. Aufl., München: Econ & List, **1999**

Creutz, Helmut: Das Geld-Syndrom. Wege zu einer krisenfreien Marktwirtschaft. Unveränderter Nachdruck der 5. Aufl., Aachen: Druck- und Verlagshaus Mainz Wissenschaftsverlag, **2003**

Denffer, Ahmad von (Hrsg.): Al-Nawawi: Vierzig Hadite. Islamabad: IRI Press, **ohne Jahr**

Denffer, Ahmad von: Ein Tag mit dem Propheten. Islamabad: IRI Press, **1981**

Denffer, Ahmad von: Kleines Wörterbuch des Islam. 2. Aufl., Lützelbach: Haus des Islam, **1994**

Denffer, Ahmad von: Islam und Umwelt. 2. Aufl., München: Islamisches Zentrum, **1999**

Denffer, Ahmad von: Der Koran. Die heilige Schrift des Islam in deutscher Übertragung. Mit Erläuterungen nach den Kommentaren von Dschalalain, Tabari und anderen hervorragenden klassischen Koranauslegern. 6., verbesserte Aufl., München: Islamisches Zentrum, **2000**

Deutsche Bibelgesellschaft Stuttgart (Hrsg.): Die Bibel. Stuttgart: Biblia-Druck, **1985**

Doi, ʿAbdur Rahman I.: Shariʿah. The Islamic Law. London: Ta-ha Publishers, **1984**

Dorn, Dietmar / **Fischbach**, Rainer: Volkswirtschaftslehre II. Volkswirtschaftstheorie und -politik. 3., überarb. Aufl., München, Wien: Oldenbourg, **1999**

Dülfer, Eberhard: Internationales Management in unterschiedlichen Kulturbereichen. 5., überarb. und erw. Aufl., München, Wien: Oldenbourg, **1997**

Encke, Ulrich: Das Spannungsverhältnis zwischen islamischem Fundamentalismus und Marktwirtschaft. Eine Analyse der Abläufe in der „islamischen Wirtschaft" des nachrevolutionären Iran. München: VVF, **1993**

Farooqui, Muhammad Zubair: Islam and Everyday Living. Islamabad: Islamic Research Institute, **2000**

Geertz, Clifford: Suq. The Bazar Economy in Sefrou. In: Geertz, Clifford / Geertz, Hildred / Rosen, Lawrence (Hrsg.): Meaning and Order in Moroccan Society. Cambridge u.a.: Cambridge University Press, **1979**, S. 123-313

Geertz, Clifford / **Geertz**, Hildred / **Rosen**, Lawrence (Hrsg.): Meaning and Order in Moroccan Society. Cambridge u.a.: Cambridge University Press, **1979**

Gesell, Silvio: Die natürliche Wirtschaftsordnung. Durch Freiland und Freigeld. 9. Aufl., Lauf bei Nürnberg: Rudolf Zitzmann, **1949**

Ghaussy, A. Ghanie: Das Wirtschaftsdenken im Islam. Von der orthodoxen Lehre bis zu den heutigen Ordnungsvorstellungen. Bern, Stuttgart: Haupt, **1986**

Guellouz, Azzedine: Der Koran. Ausführungen zum besseren Verständnis, Anregungen zum Nachdenken. Bergisch Gladbach: BLT, **1998**

Gustke, Rainer: Geschäftspartner Iran. 2., aktualisierte Aufl., Köln, Berlin: Bundesstelle für Außenhandelsinformation, **1993**

Hall, Edward T. / **Hall**, Mildred Reed: Hidden Differences. Doing Business with the Japanese. 2. Aufl., New York u.a.: Doubleday, **1990**

Halm, Heinz: Der schiitische Islam. Von der Religion zur Revolution. München: Beck, **1994**

Hamidullah, M.: Der Islam. Geschichte, Religion, Kultur. Islamabad: Image Printers, **1991**

Haque, Nadeem Ul / **Mirakhor**, Abbas: Optimal Profit-Sharing Contracts and Investment in an Interest-Free Economy. In: Khan, Mohsin S. / Mirakhor, Abbas (Hrsg.): Theoretical Studies in Islamic Banking and Finance. Houston: The Institute for Research and Islamic Studies, **1987**, S. 141-161

Heine, Peter: Kulturknigge für Nichtmuslime. Ein Ratgeber für den Alltag. 2., überarb. Aufl., Freiburg, Basel, Wien: Herder, **2001**

Hofstede, Geert: Interkulturelle Zusammenarbeit. Kulturen – Organisationen – Management. Wiesbaden: Gabler, **1993**

Hopfenbeck, Waldemar: Allgemeine Betriebswirtschafts- und Managementlehre. Das Unternehmen im Spannungsfeld zwischen ökonomischen, sozialen und ökologischen Interessen. 11. Aufl., Landsberg/Lech: Verlag Moderne Industrie, **1997**

Ibn Ishaq, Muhammad: Das Leben des Propheten. Kandern: Spohr, **1999**

Ibn Rassoul, Abu-r-Rida´ Muhammad Ibn Ahmad: Auszüge aus dem Sahih Al-Buharyy. Aus dem Arabischen übertragen und kommentiert. 8., verbesserte und im Anhang erweiterte Aufl., Köln: IB Verlag Islamische Bibliothek, **1996**

Ibn Rassoul, Abu-r-Rida´ Muhammad Ibn Ahmad: Der deutsche Mufti. Köln: IB Verlag Islamische Bibliothek, **1997**

Ibn Rassoul, Abu-r-Rida´ Muhammad Ibn Ahmad (Hrsg.): As-Salah. Das Gebet im Islam. 7., verbesserte und erweiterte Aufl., Köln: IB Verlag Islamische Bibliothek, **1999**

Ibn Rassoul, Abu-r-Rida´ Muhammad Ibn Ahmad: Handbuch der Zakah und der islamischen Wirtschaftslehre. Köln: IB Verlag Islamische Bibliothek, **2001**

Institut der Deutschen Wirtschaft Köln: Gott ist überall. In: Informationsdienst der Deutschen Wirtschaft Köln, 32. Jg., Nr. 7, 2006, S. 1

Iqbal, Zubair / **Mirakhor**, Abbas: Islamic Banking. Washington D.C.: International Monetary Fund, **1987**

Khan, Mohsin S.: Islamic Interest-Free Banking. A Theoretical Analysis. In: Khan, Mohsin S. / Mirakhor, Abbas (Hrsg.): Theoretical Studies in Islamic Banking and Finance. Houston: The Institute for Research and Islamic Studies, **1987**, S. 15-35

Khan, Mohsin S. / **Mirakhor**, Abbas (Hrsg.): Theoretical Studies in Islamic Banking and Finance. Houston: The Institute for Research and Islamic Studies, **1987**

Khan, Mohsin S. / **Mirakhor**, Abbas: The Framework and Practice of Islamic Banking. In: Khan, Mohsin S. / Mirakhor, Abbas (Hrsg.): Theoretical Studies in Islamic Banking and Finance. Houston: The Institute for Research and Islamic Studies, **1987**, S. 1-13

Khan, Muhammad Akram: Commodity Exchange and Stock Exchange in an Islamic Economy. In: Journal of Islamic Economics, Vol. 1, Nr. 2, **1988**, S. 31-55

Khan, Shahrukh Rafi: Profit and Loss Sharing. An Islamic Experiment in Finance and Banking. Karachi u.a.: Oxford University Press, **1987**

Khan, Waqar Masood: Towards an Interest-Free Islamic Economic System. In: Khan, Mohsin S. / Mirakhor, Abbas (Hrsg.): Theoretical Studies in Islamic Banking and Finance. Houston: The Institute for Research and Islamic Studies, **1987**, S. 75-105

Kramer, Hans-Joachim: Geschäftspartner Ägypten. Köln, Berlin: Bundesstelle für Außenhandelsinformation, **1991**

Laurent, André: Learning at the Crossroads of Cultures. 30 Tips on How to Learn Across Cultures. In: Reineke, Rolf-Dieter / Fussinger Christine (Hrsg.): Interkulturelles Management. Konzeption – Beratung – Training. Wiesbaden: Gabler, **2001**, S. 295-300

Lohlker, Rüdiger: Das islamische Recht im Wandel. Riba, Zins und Wucher in Vergangenheit und Gegenwart. Münster u.a.: Waxmann, **1999**

Mannan, Muhammad Abdul: Islamic Economics. Theory and Practice. 2., überarb. Aufl., Boulder, Colorado: Westview Press, **1986**

Maududi, Syed Abul A´la: What Islam stands for. Lahore: Nisar Art Press, **1986**

Maududi, Sayyid Abu-l-A´la: Weltanschauung und Leben im Islam. München: Islamisches Zentrum, **1994**

Maududi, Sayyid Abul A´la: Islamische Lebensweise. München: Islamisches Zentrum, **1996**

Maududi, Syed Abul A´la: Human Rights in Islam. Lahore: Nisar Art Press, **1998**

Mead, Richard: International Management. Cross-Cultural Dimensions. Oxford, Cambridge: Blackwell, **1994**

Mills, Paul S. / **Presley**, John R.: Islamic Finance. Theory and Practice. Houndmills u.a.: Macmillan Press, **1999**

Motahari, Ayatollah Morteza: Stellung der Frau im Islam. Hamburg: Islamisches Zentrum, **1982**

Munajjid, Muhammad Salih Al-: Muharramat. Forbidden Matters Some People Take Lightly. Riad: International Islamic Publishing House, **2000**

Nadwi, Syed Abul Hasan Ali: The Four Pillars of Islam. Islamabad: Islamabad Printing Care, **1998**

Naqvi, Syed Nawab Haider: Islam, Economics, and Society. London, New York: Kegan Paul International, **1994**

Nienhaus, Volker: Islam und moderne Wirtschaft. Einführung in Positionen, Probleme und Perspektiven. Graz, Wien, Köln: Styria, **1982**

Nomani, Farhad / **Rahnema**, Ali: Islamic Economic Systems. London, New Jersey: Zed Books, **1994**

Paret, Rudi: Der Koran. 5. Aufl., Stuttgart, Berlin, Köln: W. Kohlhammer, **1989**

Qaradawi, Jusuf Al-: Erlaubtes und Verbotenes im Islam. München: SKD Bavaria Verlag, **1998**

Qazi, Saeedullah: Environment and Islam. Islamabad: Gul Awan Printers, **1998**

Qazi, Mazharul Haq: Hadith and Sunnah. Islamabad: IRI Press, **1999**

Ramadan, Said: Das islamische Recht. Theorie und Praxis. 2. Aufl., Marburg: Muslim Studenten Vereinigung in Deutschland, **1996**

Reineke, Rolf-Dieter / Fussinger Christine (Hrsg.): Interkulturelles Management. Konzeption – Beratung – Training. Wiesbaden: Gabler, **2001**

Sahibzada, Mohibul Haq (Hrsg.): Emerging Role of Stock Markets in Pakistan Economy. Islamabad: Institute of Policy Studies, **1995**

Salacuse, Jeswald W.: International erfolgreich verhandeln. Mit den wichtigsten kulturellen, praktischen und rechtlichen Aspekten. München: Heyne, **1992**

Sarwar, Ghulam: Islam. Beliefs and Teachings. Lahore: Aftab Alam Printing Press, **1992**

Semich, Max-Helmut: Tipps für die Praxis. Verkaufen in Algerien. Köln: Bundesstelle für Außenhandelsinformation, **2000**

Shafi, Maulana Mufti Muhammad: Distribution of Wealth in Islam. Lahore: Nisar Art Press, **1998**

Siddiqi, Muhammad Nejatullah: Banking without Interest. Leicester: The Islamic Foundation, **1983a**

Siddiqi, Muhammad Nejatullah: Issues in Islamic Banking. Selected Papers. Leicester: The Islamic Foundation, **1983b**

Siddiqi, Muhammad Nejatullah: Insurance in an Islamic Economy. 2. Aufl., Leicester: The Islamic Foundation, **1987**

Siddiqi, Muhammad Nejatullah: Role of the State in the Economy. An Islamic Perspective. Leicester: The Islamic Foundation, **1996**

Taleghani, Ayatollah Sayyid Mahmud: Society and Economics in Islam. Berkeley: Mizan Press, **1982**

Theimer, Walter: Lexikon der Politik. Politische Grundbegriffe und Grundgedanken. 9., neubearbeitete Aufl., Tübingen: A. Francke Verlag, **1981**

Ucum, Ufuk: Wirtschaftsethik im Christentum und Islam. Eine volkswirtschaftliche Analyse und ein finanzwirtschaftliches Wettbewerbskonzept. Frankfurt am Main u.a.: Lang, **1998**

Umm-Yussuf, Iman: Die Ehe im Islam. Das Wichtigste im Überblick. München: Islamisches Zentrum, **1998**

Usmani, Muhammad Taqi: An Introduction to Islamic Finance. Karachi: Idaratul Ma´arif, **2000**

Vogel, Frank E. / **Hayes**, Samuel L. III: Islamic Law and Finance. Religion, Risk, and Return. Den Haag, London, Boston: Kluwer Law International, **1998**

Warde, Ibrahim: Islamic Finance in the Global Economy. Edinburgh: University Press, **2000**

Wienen, Ingmar: Impact of Religion on Business Ethics in Europe and the Muslim World. Islamic versus Christian Tradition. 2., überarbeitete Aufl., Frankfurt am Main u.a.: Lang, **1999**

Yusuf, Muhammad: Islam. The Purpose of this Life. Lahore: Nisar Art Press, **1998**

Zaidan, Amir M.A.: Al-'Aqida. Einführung in die Iman-Inhalte. 2., neubearb. und erw. Aufl., Offenbach: ADIB, **1999**

Web-Dokumente

Bundesagentur für Außenwirtschaft (Hrsg.): Homepage. Online unter http://www.bfai.de/ (30.5.2006)

DOWJONES Indexes (o.V.): Islamic Market Indexes. Online unter http://www.djindexes.com/ - Stichwort: *islamic* (5.4.2006)

FTSE (o.V.): FTSE Global Islamic Index Series. Online unter http://www.ftse.com/ - Stichwort: *islamic* (5.4.2006).

Islam The Modern Religion (ITMR) (o.V.): Historical Photographs. Online unter

http://www.themodernreligion.com/basic/history/OLD_PICS_quran.htm (1.4.2006)

The Institute of Islamic Banking and Insurance (o.V.): Islamic Banking - Status of Islamic Banking. Online unter

http://www.islamic-banking.com/ibanking/statusib.php (28.5.2006)